Le présent ouvrage a été publié
avec le soutien de
l'Académie Nicaraguayenne de la Langue
ANL

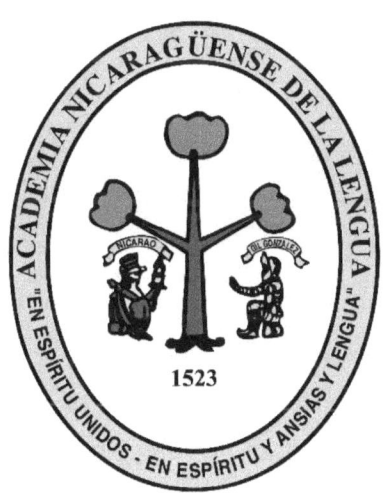

"En espiritu unido, en espiritu y ansias y lengua."

Titres de la Collection:
"*Travaux Panofskiens*"

1. Autour du "*point gris*" de Paul Klee, 2019, 212 p. Prologue du philosophe Daniel Payot, Ancien Président de l'Université Marc Bloch de Strasbourg, Ancien Directeur du Centre EA 3402 ACCRA (Approches contemporaines de la création et de la réflexion artistiques) de l'Université de Strasbourg.
2. La question iconographique de *La Vierge* à l'oeuf chez Piero della Francesca, 2019, 150 p.
3. *La mort de Marat* de David: une inflexion vers la création d'un discours national dans le cadre révolutionnaire, 2019, 84 p.
4. De Giotto à Dürer et l'émergence des Renaissances en Europe: le cas paradigmatique de la gravure *Der traum des doktors* (1498) - Une réinterprétation iconologique, 2019, 604 p.
5. *Le Cri* d'Edvard Munch: un cas paradigmatique de mise en scène des codes iconiques propres à une époque, 2019, 116 p.
6. Le parcours de l'humanité dans l'oeuvre de Jérôme Bosch; De l'eschatologie au Péché Originel: L'exemple du *Chariot de Foin*, 2019, 64 p.

7. *La Chute d'Icare* de Brueghel l'Ancien: Une allégorie du Péché Originel?, 2019, 132 p.
8. *La Création d'Adam*: Pic de la Mirandole, le statut de l'homme face à Dieu, et le néoplatonisme de Michel-Ange dans ses fresques pour la Chapelle Sixtine, 2019, 264 p.
9. *4'33"* de John Cage: Une étude sur le Silence, 2019, 388 p.
10. *La calomnie d'Apelle* considérée comme thème iconographique: Vers une rationalisation de l'interprétation de l'*Allégorie des Vices* de Mantegna, 2019, 1302 p.
11. *Le Plaisir - Jeune fille mangeant un oiseau* de René Magritte: Analyse génétique du thème de l'oiseau mort, dans les arts et dans la littérature, de Boccace et Chaucer, à Greuze, Huidobro et Buckowski, 2019, 722 p.
12. *Le Grand Verre* de Marcel Duchamp: Un modèle analytique pour les études sur l'art abstrait, 2019, 1374 p.
13. *L'Espérance* d'Heinrich Vogtherr l'Ancien et l'élaboration du répertoire de la Renaissance: Une interprétation du syncrétisme emblématique dans l'analyse iconographique, 2019, 250 p.
14. *Le Chevalier, la Mort et le Diable* d'Albrecht Dürer: analyse "oliverienne" d'un cas d'école, 2019, 364 p.
15. Le *Cuirassier blessé, quittant le feu* et l'apologie patriotique chez Géricault, 2019, 300 p.
16. "*El sueño de la razón produce monstruos*" de Francisco de Goya: sens et fonction, 2019, 236 p.

17. *Las Meninas* de Diego Velázquez: un exemple de "*pathosformel*", 2019, 332 p.
18. *Le Concert champêtre* et la question de l'évidence visuelle, 2019, 108 p.
19. Toute la vérité sur la Surface de Dieu d'Alfred Jarry - Conférence pour l'inauguration de la Chaire d'Épistémologie panofskienne du Collège de 'Pataphysique international, 2019, 166 p.
20. La remarquable historicité thématique du *Portrait d'un docteur* de Francis Picabia, 2019, 94 p.

La Collection "*Travaux Panofskiens*" est dédiée à l'étude des oeuvres d'art de la période moderne (XIIème-XVIIIème siècles) et de la période contemporaine (XIXème-XXIème siècles), à partir de plusieurs concepts des études de l'École de Warburg, notamment représentés dans les travaux de son principal représentant Erwin Panofsky. Ces concepts sont les suivants:

La transmission des symboles culturels entre les époques, et la permanence de leur représentation;

L'étude des oeuvres d'art comme matériel pour comprendre leur époque et l'histoire des mentalités qui y est liée, c'est-à-dire, inversement, les idées, les pratiques et les moeurs, que révèlent les oeuvres d'art;

En ce sens, l'interaction entre les cosmos de cultures profane et religieuse, d'une part, et populaire, cultivée et savante, d'autre part.

Le principal apport de la présente Collection, ou son principal projet en tous cas, est d'aborder, non seulement les oeuvres de l'époque moderne, champ d'étude particulier de l'École de Warburg et de Panofsky, mais d'amplifier cedit champ à celui de la contemporanéité, en particulier des avant-gardes, afin, non seulement d'appliquer la méthode panofskienne à l'art contemporain, mais encore pour en expérimenter la pertinence dans le cadre visuel de la non figuration et de l'abstraction (soit-elle, celle-ci, thématique ou formelle).

Dr. N.-B. Barbe

Norbert-Bertrand Barbe
Membre Honoraire de l'Académie Nicaraguayenne de la Langue

La remarquable historicité thématique du Portrait d'un docteur de Francis Picabia
- Édition augmentée

Collection "*Travaux Panofskiens*"

© 2020, Bès Editions

Toute reproduction intégrale ou partielle du présent ouvrage, faite par quelque procédé que ce soit, sans le consentement de l'auteur ou de ses ayants cause, est illicite et constitue une contrefaçon sanctionnée par les articles L.335-2 et suivants du Code de la propriété intellectuelle.

" Cela est la vérité, sachez-le. Voici le grand-prêtre Caïphe qui vient avec nous de ce pas, et qui nous commandera. Nous suive qui voudra."[1]

---

[1] *La Résurrection du Sauveur, fragment d'un Mystère inédit; publié pour la première fois, avec une traduction en regard par Achille Jubinal, D'après le Manuscrit unique de la Bibliothéque du Roi,* Paris, Chez Téchener, 1834, p. 35.

SOMMAIRE GÉNÉRAL DU PRÉSENT VOLUME

1. Préambule vagabond d'un "*rôdeur de barrières*" qui constate, finalement, que "*Tout vient et passe*" 1

2. Étude "*oliverienne*" du cas du *Portrait d'un docteur* 6

3. Postface en exil 20

NOTES 28

PLANCHES

1. Préambule vagabond d'un "*rôdeur de barrières*" qui constate, finalement, que "*Tout vient et passe*"

Lorsque nous élaborions nos travaux sur le surréalisme (*Iconologia*, 2001; puis *Sur-Réalisme*, 2004) et la surprenante reprise de l'emblématique de la Renaissance chez René Magritte et Paul Delvaux - avec toutes les limitations que l'on y pourra jeter après tant d'années (ces volumes furent, d'ailleurs, écrits réellement, en ce qui concerne leur plus grande partie, au tout début de la seconde moitié des années 1990) -, personne ne semblait faire attention à cette ligne temporelle, pourtant exacte, puisque certains collègues, certes encore peu nombreux, se sont, depuis, engouffrés dans la fente que nous avions ouverte.

Espérons qu'il en sera de même pour non notre affirmation (il y a bien longtemps, qu'à la suite des surréalistes eux-mêmes, tout le monde a proclamé leur dette envers Sigmund Freud), mais bien notre démonstration (par rapprochements textuels exacts entre de nombreuses oeuvres surréalistes et les extraits correspondants de *L'Interprétation des rêves*) du lien génétique direct entre l'ouvrage du père de la psychanalyse et les toiles du mouvement, démonstration faite dans notre ouvrage, dans la présente Collection, sur *Le Plaisir*.

Ce préambule, à notre sens nécessaire, pour bien faire remarquer que, dans l'isolement de notre patience, nous avons, seul, et le plus souvent ignoré, bien qu'apparemment, quand même, repris (puisqu'alors que nous étions fantôme, comme d'autres de la télévision, de nos pauvres sciences auto-suffisantes, nos livres étaient cependant, parallèlement, achetés, et conservés, notamment dans les bibliothèques universitaires d'à peu près l'ensemble du monde), nos idées ont fait leur chemin.

En voici donc une autre, et la conséquence des antérieures.

Encore une fois, comme pour Piero della Francesca, Edvard Munch, Kasimir Malevitch, ou encore - quoique non exhaustivement - Piero Manzoni, ici nous voulons présenter le cas de Francis Picabia.

Aby Waburg définit le *pathosformel* comme cette permanence des formes (ou, pour être plus précis, des motifs) visuel(le)s entre les époques, et leur reprise de l'une à l'autre.

Nous verrons ici que la position de la figure du *Portrait d'un docteur* reprend, à la fois, une explicite figure de la Renaissance (par sa pose générale, et son habillement), tout en renvoyant, plus subtilement (par ses motifs, notamment ceux liés à la "texture", pour le dire d'une manière, de sa peau), à une préoccupation beaucoup plus directement liée à l'orientation de l'avant-garde: la représentation sexuelle, dont l'illustration doit, ici, être cherchée au XIXème siècle.

Double référence, donc, superposition (selon le principe que nous évoquions déjà dans *Los ArteFactos en Managua*, dès 2001 encore, freudien, là encore de *L'interprétation des rêves*, de dérivation, superposition et répétition), qui nous renvoie, encore une fois, dans notre application, à présent généralisée, après, au moins, les nombreux ouvrages de la présente Collection, de la méthode panofskienne, amplifiée au champ et, surtout, au *corpus* de l'art contemporain abstrait.

2. Étude "*oliverienne*"[1] du cas du *Portrait d'un docteur*

Les différentes couvertures et illustrations pour la revue *Littérature*[2] (1922-1924[3]), notamment celle des jambes de femme avec la mention "*haut-bas*"[4], celle du numéro double 11-12 consacré à la poésie (où les corps des danseurs se distinguent l'un en noir l'autre en contours[5]), celui où les cheveux noirs de la femme laissent tomber le mot lettre par lettre, et celui "*Lits et ratures*" du numéro 7[6], où dans chaque chaussure vue d'en bas apparaît le visage respectivement d'une femme et d'un homme, révèlent, comme *Optophone I*, la bipartition, duelle (comme dans la représentation où à l'homme au crâne pensant "*littérature*" est arrimée la femme, entre boules noires - de nouveau - et sans coloration, portant les notions complémentaires: "*pair-impair*"[7]), de genre de l'espace des images, et l'abondance féminine (ou spermatique, comme dans la tache d'encre de *Voilà ELLE*) de la chevelure envahissante, et recouvrante (comme le chaperon de *La Toilette de la mariée* de Max Ernst), deux éléments du *Grand Verre* (*La Mariée mise à nu par ses célibataires, même*, 1915-1923) de Marcel Duchamp[8].

Les cercles-cibles de *La nuit andalouse* (1922)[9] sont ceux que l'homme dans un geste de flamenco mais aussi de torero cherche à atteindre, localisés sur le coeur et le pubis de la femme. Déjà neuf (comme dans *Le Grand Verre*) trous noirs sont portés sur le corps blanc de la femme, cinq sur celui, noir, de l'homme. On note, pour le symbolisme des chiffres, sur lequel nous allons revenir, que deux sont portés à la tête de la femme, trois à celle de l'homme. Les deux autres trous pour l'homme sont portés à la poitrine, et à l'entrejambe, donc similairement en cela à la localisation des cibles sur le corps de la femme, leur y répondant.

Les yeux chauds (1921), dont le titre ne laisse pas de doute sur la dérivation à la Duchamp, et plus généralement à la dada, avec "*les oeufs chauds*" (de l'excitation masculine), présente, de nouveau, un système de rouage, ici directement inspiré du régulateur de vitesse de la turbine aérienne de l'illustration accompagnant l'article "*Une nouvelle turbine aérienne à axe vertical*" par Gérard Pyramont (*La Science et la Vie*, No 51, Juillet 1920, p. 79)[10].

Le numéro 5 (où apparaît un personnage auréolé se masturbant, appuyé sur un cheval, autre symbole phallique[11]) fait écho à *Le lever de soleil* (1924)[12], où un personnage ithyphallique, portant une forme noire sur le dos, qui rappelle fortement un pénis (de fait, elle est attifée de longs poils pubiens) et s'identifie au sien propre (aux poils également longs et pendants), est surmontée par un chien qui s'y accroche, alors qu'en bas à gauche, pour le spectateur, un vagin, petit soleil rayonnant, semble naître et s'ouvrir.

Nous retrouvons, dans cette illustration phallique dans *Portrait d'un docteur* (1935-c.1938)[13], qui fait écho au *Dieu à bicyclette* et à *La nuit andalouse* par sa représentation du pénis comme un objet géométrisé. Il s'y agit d'un fou (pour le bonnet), dont les grelots sont les testicules pendants de formes rectangulaires représentant le sexe masculin, et pointant le doigt vers un crâne (il reprend ainsi Jean de Gourmont, "*Cognois toy toy-mefme*", c.1575[14], déjà copié par Oronce Fine, *Ô caput elleboro dignum*, 1590[15], lequel ne représente plus que la tête-monde, sans la main tenant, doigt pointant en symbole de royauté à la manière de la fameuse main de justice[16], en lieu de hochet un sceptre terminé en globe, remplacé chez Picabia le sceptre terminé en globe par un crâne et amplifié la vision du personnage à l'ensemble du buste), couvert, comme les mains du personnage, de boules regroupées par trois (pustules, comme le titre *Portrait d'un docteur*, en évocation directe et sarcastique des théories anti-masturbatoires de l'époque, qui se développèrent dès le XVIIIème siècle[17] et furent adoptées comme canoniques par tout le XIXème siècle[18], concrètement de la douzième illustration: "*Tout son corps se couvre de pustules... il est horrible à voir!*"[19] de la série de seize sur ses funestes conséquences sur le corps des jeunes hommes dans *Le livre sans titre*, 1830[20]), dont la forme n'est pas sans évoquer, même si elles représentent le symbole masculin ici y non vaginal, les organiques objets de *Portrait de la REINE du PÉROU* et de *Le Lierre unique eunuque* (celui-ci dont le titre évoque peut-être, en allusion masturbatoire, donc, le pendu des cartes postales précédemment évoquées, inspiré de l'emblématique de l'Ingratitude, comme permettent de le supposer la précédente comparaison avec l'illustration du *Livre sans titre,* et la récurrence de la représentation onaniste chez Picabia, de *Jésus-Christ rastaquouère*[21] à *Égoïsme,* 1947-1948/c.1950[22] - pénis terminé en étoile [la femme étoilée promise du *Grand Verre,* d'Apollinaire ou de Breton] et entouré de cinq boules de différentes couleurs, réparties trois à gauche, pour le spectateur, et deux à droite -, *Déclaration d'amour,* 1946[23], pénis aux jambes écartées pénétrant une seconde paire de jambes, également ouvertes, ce qui lui crée une sorte de chevelure, et, version de l'onanisme féminin, où l'on retrouve le motif de la femme aux jambes écartées, *Le Rêve de Suzanne,* 1949[24]).

Le symbolisme sexuel de ces boules ou turgescences se confirme dans le titre duel de *La Femme au monocle,* aussi connu comme *La Femme aux gants roses* ou encore

L'Homme aux gants (c.1925-1926)[25], reprise de *Femme au monocle* (1924[26]) - dont les pustules sur la main, faisant jeu avec les perles de son collier et les cercles de sa robe, ont, pour cela, à notre sens, été mal interprétées, et rapprochées des points des habits d'autres figures dans les oeuvres postérieures de Pablo Picasso[27] -, personnage à un oeil, dont les mains sont, similairement à celles du Docteur-fou, convertes, ici, de cercles simples.

L'insistance sur le motif nous renvoie à l'énucléation oedipienne, par comparaison aux oeuvres de Picabia: *L'oeil cacodylate, La Feuille de Vigne* (inspirée d'*OEdipe explique l'énigme du sphinx*, 1808-1827[28], d'Ingres[29]), voire *Les yeux chauds* et les différentes représentations figuratives de personnages à la manière cubiste démultipliés, le personnage se touchant les yeux comme pour mieux les voir dans *Transparence (Deux Tetes)* (1936)[30].

De fait, on retrouve, associées dans le titre d'Ernst la byciclette aux grelots et turgescences graminées, précisément, dans *La Bicyclette graminée garnie de grelots les grisous grivelés et les échinodermes courbants l'échine pour quêter des caresses* (1921)[31], sortes de microorganismes duveteux sortant d'oeufs, où se prennent les roues de la bicyclette mentionnée dans le titre, nageant dans un liquide amniotique.

On rappellera opportunément ici que les exégètes ont montré depuis longtemps, et sont d'accord, pour noter la présence d'instruments gynécologiques dans les différentes figures, inclue celle du *Grand Verre*, de la Vierge et de la Mariée chez Duchamp.

C'est donc un corps anatomique qui nous y (dans *Le Grand Verre*) est présenté, suspendu comme les figures des planches de tables d'examen gynécologique, jupes relevées, ou de restructuration osseuse et musculaire, qui abondent dans les livres médicaux du XIXème siècle.

Autre preuve, en ce sens, circonstancielle, de l'importance de ces ouvrages comme base iconographique pour l'avant-garde est la reprise par Picabia dans *Portrait d'un docteur*, outre du "*Cognois toy toy-mefme*" de Jean de Gourmont, de la douzième planche d'illustration: "*Tout son corps se couvre de pustules... il est horrible à voir!"* du *Livre sans titre.*

Pétales et jardin de la nymphe Ancolie (1934)[32] et *La Nymphe Écho* (1936)[33], tous deux d'Ernst, topographisent encore la figure féminine, l'identifiant aux volutes florales. Or, dans ce cadre, *Leonora dans la Lumière matinale*[34] (portrait de la compagne de l'artiste réalisé lors de leur installation à Saint-Martin d'Ardèche[35]) représente Carrington entre de pendantes fleurs blanches en formes de prépuces, avec, *memento mori* associé, comme nous l'avons vu dans d'autres oeuvres de l'avant-garde (par exemple dans *Portrait d'un Docteur* de Picabia, ou dans les collages d'Ernst), un crâne et les os d'une main, en bas à droite pour le spectateur.

On retrouve, ainsi d'ailleurs, dans le court-métrage *Ghosts Before Breakfast* (en allemand *Vormittagsspuk*[36], 1927) de Hans Richter[37], le triple cercle, similaire à ceux que l'on trouve dans *La Femme au monocle* et *Portrait d'un Docteur*, triplicité qui est un symbole freudien de l'organe génital mâle, et qui, présent dans *Portrait d'un Docteur*, et réapparaissant chez Richter, confirme, par le lien que nous avons vu entre cette peinture et l'iconographie de la médicale du XIXème siècle sur les risques de la masturbation, notre interprétation, dans notre ouvrage sur *Le Grand Verre* de la présente Collection, du symbolisme de copulation des mains levées et de masturbation de la main gigantesque.

On notera, encore, en ce sens, que *Portrait d'un Docteur*, en particulier dans sa relation dialectique aux parallèles figures féminines citées de l'oeuvre de Picabia, s'intègre à la contemporaine série (brune, 1935[38] - dont la courbature de son long cou n'est pas sans rappeler la forme des phallus des *tintinnabulae* -, et blonde, 1945[39]) du *Viol* dans son lien au postérieur *Fils de l'Homme* (1964[40]) de Magritte.

En 1937, Magritte peint *Le principe de plaisir*, parallèle à la photographie de Man Ray, de la même année, représentant, dans l'exacte même position, *Edward James, Portrait of a man sitting with a hand on the table*[41], l'alternance entre cette main droite sur la table, devant nous, et la gauche retombant négligemment acquierant une véritable répercussion masturbatoire (double, donc, par l'agrandissement perspectif de la main droite, et la descente vers la zone érogène de la gauche) dans la photographie[42] de l'album *The Pleasures of Electricity* (2001[43]) de John Foxx[44].

Surtout lorsqu'on la compare à cette même main gigantesque (par l'anamorphose provoquée par le reflet) dans l'*Autoportrait dans un Miroir Convexe* (c.1524[45]) de Parmigianino.

3. Postface en exil

Et voilà.

En très peu de mots, vraiment.

On voudra bien nous le reconnaître.

Dès la sortie des *Misérables* (1862), Alexandre Couvez[46] critiquait, entre autres nombreux passages, la forme empoulée de Victor Hugo dans cet ouvrage, notamment s'agissant de la fin du chapitre VII du Livre III de la Ière Partie, lorsque le romancier et poète, peut-être par le fait de cette double vocation, écrit: "*Le soleil a éternué le colibri.*"[47]

Il est évident qu'il veut ici représenter l'inversion due à l'état d'ébriété de l'élégant mais sans âme Tholomyès, qui, perdant sa sagesse, titre pourtant dudit chapitre, amoncelle une série d'images comme un déversement, commençant, d'ailleurs, par identifier le rossignol qui égaie la partie de campagne avec ses amis étudiants et leurs respectives maitresses et grisettes au chanteur d'opéra Elleviou.

Ne pas comprendre l'allégorie revient à nier, non pas seulement le droit à la métaphore, mais surtout le style. Reconnaissons au critique que tout style n'est pas obligatoirement bon. Toutefois, remis ceci au domaine qui nous concerne, non pas de la critique, mais de l'Histoire de l'Art, réduire l'oeuvre à l'impossibilité de la comprendre du spectateur ou du lecteur moyen - en outre supposé (comme chez Daniel Arasse, paradigme de notre époque, puisque la pourtant très sérieuse École française de Rome a donné son nom à une

Bourse) - est rejeter le problème du locuteur au destinataire, ce qui est simplement idiot.

L'incompréhension que nous avons à comprendre quelque chose n'implique jamais que celle-ci soit obligatoirement privée de sens. Que nous n'y voyons rien est problème de notre propre cécité, non de l'absence de lumière.

Or, comme l'écrit Hugo dans le même ouvrage (II-VII-VI):

"*Ériger un sens qui nous manque en source de vérité, c'est un bel aplomb d'aveugle.*"

Restons-en donc là.
Avec cela, tout est dit!

Mais dès lors:

"*Faut-il expérimenter sur l'ignorance? Elle reçoit toutes les empreintes, elle subit toutes les influences, elle se plie à toutes les servitudes. L'état de l'âme des ignorants ne prouve rien puisqu'ils ne sont maîtres ni de le créer, ni de le changer.*"[48]

On y voit rien (2000), à peu de choses près, le dernier livre de Arasse (1944-2003), que nous critiquions, là encore, il y a déjà trente ans. Partie infime de ces "*filousophes*" qui peuplent notre scène parisienne; il est, évidemment, inintelligent de prétendre que l'oeuvre représente pour le profane ce qu'elle peut évoquer pour le spécialiste, comme il est tout aussi impossible qu'un simple auditeur perçoive les subtilités de quelque musique que ce soit, d'où, d'ailleurs, les modes chaque fois un peu plus décadentes (si cela veut dire quelque chose) du rap, et de ses frères jumeaux (en absence d'art musical) le reggaeton et l'électronique.

Mais que le corps puisse avoir un sens sans que l'on sache rien d'anatomie, n'implique ni que notre absence de connaissance soit la preuve que n'existent pas les os, ni que la science qui connaît mieux que nous les objets soit nécessaire au simple dilettante pour en apprécier la simple surface. Faut-il être cuisinier pour goûter un bon ragoût? Ou musicologue pour apprécier un opéra?

Cela dit, les astuces opératives des fonds pour faire une bonne sauce, ou des complexités mélodiques, connues des seuls chefs et compositeurs, contre les simples commensaux et auditeurs, n'enlèvent rien, pour ceux qui ne les connaissent pas mais en profitent quand même, alors que l'ignorance de ces heureux innocents n'évite pas qu'existent ces trucs et complexités.

Vivent encore nos pauvres sciences - et elles continueront encore longtemps ainsi, pour ce que nous en pouvons détecter -, mères tragiques d'enfants monstrueux, encore soumises aux lieux communs des spécialistes amateurs (le corps leur importe beaucoup, même s'ils n'en connaissent rien; l'histoire aussi un peu, c'est-à-dire les épreuves biographiques où reste l'empreinte de l'anecdote, compréhensible pour eux; le *pathos* informe - contrairement à Warburg -, puisqu'ils ne conçoivent que la surface écumeuse, là où le fond se meut, riche et profond, le *pathos*, donc, cette forêt sentimentale qui contient, tout à la fois, tout ce qu'on veut y mettre, et, par là même, absolument rien du tout; qu'ils vous parlent d'art, de cinéma, voire de lettres, quoique celles-ci ont l'honneur de se voir reconnaître quelque trace, vague, souvent inopérante, ou partielle, mais c'est toujours au moins cela, d'intertextualité, bien que souvent le paratexte soit oublié, et que Stéphane Mallarmé lui-même, comme beaucoup d'autres, soit réduit aux sons du babouin éructant, qu'ils vous parlent, enfin, donc, de quoi que ce soit, et c'est toujours la même soupe, dirait Rabelais, sorbonnarde).

Vivent encore nos vieilles sciences, et qu'elles vivent plus vieilles encore, on le leur souhaite, mais qu'elles se réveillent de ce songe centenaire.

Qu'elles ouvrent les yeux, et qu'elles voient.

Fiat lux.
Que l'on puisse enfin leur demander:
Est-ce que tu vois quelque chose?

Car, sinon, vraiment, on voudrait finir...

Mais "*Le lecteur français voulant être respecté, le plus beau mot peut-être qu'un Français ait jamais dit ne peut lui être répété. Défense de déposer du sublime dans l'histoire.*"

"*Garrulus atque piger scribendi ferre laborem,
Scribendi recte: nam ut multum, nil moror.*"

¹Sur ce concept, cf., dans la présente Collection, notre ouvrage sur *Le chevalier, la Mort et le Diable.*

²http://visualmelt.com/filter/western/Francis-Picabia; http://www.mesmotsdexpos.com/wordpress/litterature-le-dada-de-picabia/; http://hyperallergic.com/wp-content/uploads/2014/09/025.-Picabiaaa-Projet-de-couverture-Litt%C3%87rature-1922-1924.jpg; http://www.mesmotsdexpos.com/wordpress/tag/andre-breton/; http://cdn.purple.fr/d6d7abbfa65af7ad66b2f21a93848d57/static.purple.fr/2015/06/PICABIA026_ISOC-V2_300-797x1024.jpg/400x580c/PICABIA026_ISOC-V2_300-797x1024.jpg; http://purple.fr/magazine/ss-2010-issue-13/francis-picabia/; https://www.20minutos.es/fotos/cultura/francis-picabia-inedito-10688/

³" *Fondée en 1919 par le triumvirat Aragon-Soupault-Breton, la fameuse revue «de poèmes et de proses» devient l'exclusivité de ce dernier de 1922 à 1924. Un changement de cap que le surréaliste en chef accuse grâce à la contribution de Francis Picabia. Sa mission: renouveler la couverture de chaque numéro. Outre les neufs dessins publiés avant la dissolution du support, l'exposition du Centre Pompidou révèle les autres propositions – rejetées – de l'artiste cubain. Un ensemble de vingt-six croquis originaux, que le musée acquiert en 2008, grâce au mécénat du géant pharmaceutique Sanofi, et présente aujourd'hui dans l'ordre chronologique*"

(http://www.mesmotsdexpos.com/wordpress/litterature-le-dada-de-picabia/)
⁴http://lamonomagazine.com/wp-content/uploads/2016/12/picabia-4.jpg
⁵http://www.mesmotsdexpos.com/wordpress/litterature-le-dada-de-picabia/litt-11-12/
⁶http://www.mesmotsdexpos.com/wordpress/litterature-le-dada-de-picabia/litt-7/
⁷http://cdn.purple.fr/d6d7abbfa65af7ad66b2f21a93848d57/static.purple.fr/2015/06/PICABIA026_ISOC-V2_300-797x1024.jpg/400x580c/PICABIA026_ISOC-V2_300-797x1024.jpg
⁸Cf., dans la présente Collection, notre ouvrage sur cette oeuvre.
⁹*Francis Picabia: Materials and Techniques*, édité par Michael Duffy, Talia Kwartler, Natalie Dupêcher, et Anne Umland, MoMA, 2017, Fig. 2 p. 27.
¹⁰*Ibid.*, Fig. 2 et 4 p. 31.
¹¹http://www.mesmotsdexpos.com/wordpress/litterature-le-dada-de-picabia/litt-5/
¹²http://post.thing.net/node/24394
¹³*Francis Picabia: Materials and Techniques*, p. 53.
¹⁴https://www.pinterest.com/pin/456271005970174318/
¹⁵http://www.patrimoines-martinique.org/ark:/35569/a011470672738t8A7gS
¹⁶https://fr.wikipedia.org/wiki/Main_de_justice
¹⁷Isabel V. Hull, *Sexuality, State, and Civil Society in Germany, 1700-1815*, Cornell University Press, 1997, pp. 258-280. "*The German antimasturbation campaign is obviously part of this*

larger history, but it is also different in at least three important ways. First, the German literature was not primarily medical, but pedagogic. It was Rousseau who, in his Emile, or on Education, had praised and popularized Tissot's views; the eighteenth-century masturbation discussion in Germany never really left the twin contexts of education and youth." (pp. 259-260)

"Maintenant je voudrais essayer de caractériser l'évolution de ce contrôle de la sexualité à l'intérieur des établissements de formation scolaire chrétienne, et surtout catholique, au XVIIe et au XVIIIe [rectius: au XVIIIe et au XIXe] siècle. D'une part, tendance de plus en plus nette à atténuer l'espèce d'indiscrétion bavarde, d'insistance discursive sur le corps de plaisir, qui marquait les techniques du XVIIe siècle concernant la direction des âmes. On essaye d'éteindre, en quelque sorte, tous ces incendies verbaux qui s'allumaient de l'analyse même du désir et du plaisir, de l'analyse même du corps. On gomme, on voile, on métaphorise, on invente toute une stylistique de la discrétion dans la confession et dans la direction de conscience: c'est Alphonse de Liguori. Mais, en même temps qu'on gomme, on voile, on métaphorise, en même temps qu'on essaye d'introduire une règle sinon du silence, du moins de la discretio maxima, en même temps les architectures, les dispositions des lieux et des choses, la manière dont on aménage les dortoirs, dont on institutionnalise les surveillances, la manière même dont on construit et dont on dispose à l'intérieur d'une salle de classe les bancs et les tables, tout l'espace de visibilité qu'on organise avec tant de soin (la forme, l'aménagement des latrines, la hauteur des portes, la chasse aux coins obscurs), tout ceci, dans les établissements

scolaires, remplace – et pour le faire taire – le discours indiscret de la chair que la direction de conscience impliquait. Autrement dit, les dispositifs matériels doivent rendre inutile tout ce bavardage incandescent que la technique chrétienne post-tridentine avait mis en place au XVIe et au XVIIe siècle. La direction des âmes pourra se faire d'autant plus allusive, par conséquent d'autant plus silencieuse, que le quadrillage des corps sera serré. C'est ainsi que, dans les collèges, dans les séminaires, dans les écoles – pour dire tout cela d'un mot –, on en parle le moins possible, mais tout, dans l'aménagement des lieux et des choses, désigne les dangers de ce corps de plaisir. En dire le moins possible, mais tout en parle.

Voilà que brusquement – au milieu de cette grande mise au silence, au milieu de ce grand transfert aux choses et à l'espace de la tâche de contrôler les âmes, les corps et les désirs – surgit un bruit de fanfare, commence un soudain et bruyant bavardage, qui ne va pas cesser pendant plus d'un siècle (c'est-à-dire jusqu'à la fin du XIXe siècle) et qui, sous une forme modifiée, va sans doute continuer jusqu'à nous. En 1720-1725 (je ne me souviens plus), paraît en Angleterre un livre qui s'appelle Onania, et qui est attribué à Bekker; au milieu du XVIIIe siècle, apparaît le fameux livre de Tissot; en 1770-1780, en Allemagne, Basedow, Salzmann, etc., reprennent aussi ce grand discours de la masturbation. Bekker en Angleterre, Tissot à Genève, Basedow en Allemagne: vous voyez qu'on est là en plein pays protestant. Il n'est pas du tout étonnant que ce discours de la masturbation intervienne dans les pays dans lesquels la direction de conscience sous la forme tridentine et catholique, d'une part, et les grands établissements d'enseignement, de l'autre, n'existaient pas. Le blocage du problème par l'existence de ces établissements d'enseignement, par les techniques de la direction de conscience, explique que, dans les pays catholiques, ce soit un peu plus tard que le problème ait été posé, et avec cet éclat. Mais il ne s'agit que d'un décalage de quelques années. Très rapidement, après la publication, en France, du livre de Tissot, le problème, le discours, l'immense jacasserie sur la masturbation, commence et ne cessera pas pendant tout un siècle.

Surgit donc brusquement, au milieu du XVIIIe siècle, une floraison de textes, de livres, mais aussi de prospectus, de tracts, sur lesquels il faut faire deux remarques. D'abord, c'est que, dans ce discours à propos de la masturbation, on a quelque chose qui est tout à fait différent de ce qu'on pourrait appeler le discours chrétien de la chair (et dont j'ai essayé, les dernières fois, de vous montrer un peu la généalogie), très différent aussi de ce qui sera, un siècle plus tard (à partir de 1840-50), la psychopathia sexualis, la psychopathologie sexuelle, dont le premier texte est celui de Heinrich Kaan, en 1840 [rectius: 1844]. Entre le discours chrétien de la chair et la psychopathologie sexuelle surgit donc, très spécifiquement, un certain discours de la masturbation. Ce n'est pas du tout le discours de la chair, dont je vous parlais la dernière fois, pour une raison très simple, qui éclate aussitôt: c'est que les mots, les termes mêmes de désir, de plaisir, n'y interviennent jamais. J'ai parcouru avec pas mal de curiosité, mais aussi pas mal d'ennui cette littérature depuis un certain nombre de mois. Je n'ai trouvé, en tout et pour tout, qu'une seule fois cette mention: «Pourquoi est-ce que les adolescents se masturbent?»

Et un médecin, vers les années 1830-40, a brusquement cette idée: «Mais ça doit être parce que ça leur fait plaisir!» C'est la seule fois. Discours, donc, dont sont absents totalement le désir et le plaisir, à la différence de la littérature chrétienne précédente.
D'autre part, ce qui est intéressant également, c'est qu'il ne s'agit pas du tout encore de ce que sera la psychologie sexuelle ou la psychopathologie sexuelle de Kaan, de Krafft-Ebing, d'Havelock Ellis, dans la mesure où la sexualité y est à peu près absente. On s'y réfère, bien sûr. On fait allusion à la théorie générale de la sexualité, telle qu'elle était conçue, à cette époque-là, dans un climat de philosophie de la nature. Mais ce qu'il est très intéressant de noter, c'est que, dans ces textes sur la masturbation, la sexualité adulte n'intervient pratiquement jamais. Bien plus: la sexualité de l'enfant non plus. C'est la masturbation, et la masturbation elle-même, pratiquement sans lien aucun ni avec les comportements normaux de la sexualité, ni même avec les comportements anormaux. Je n'ai trouvé que deux fois une très discrète allusion au fait que la masturbation infantile trop développée avait pu amener, chez des sujets, certaines formes de désir à tendance homosexuelle. Mais, encore, la sanction de cette masturbation exagérée était beaucoup plus, dans ces deux cas, l'impuissance que l'homosexualité. C'est donc la masturbation elle-même, et en quelque sorte détachée, sinon tout à fait dépouillée de son contexte sexuel, c'est la masturbation dans sa spécificité qui est visée dans cette littérature. D'ailleurs, on trouve des textes dans lesquels il est dit que, entre la masturbation et la sexualité normale, relationnelle, il y a

véritablement une différence de nature, et que ce ne sont pas du tout les mêmes mécanismes qui font que l'on se masturbe et que l'on peut désirer quelqu'un. Donc, c'est ça le premier point: nous sommes dans une sorte de région, je n'ose pas dire intermédiaire, mais parfaitement différente du discours de la chair et de la psychopathologie sexuelle.

Deuxième point sur lequel je voudrais insister, c'est le fait que ce discours sur la masturbation prend la forme beaucoup moins d'une analyse scientifique (bien que la référence au discours scientifique y soit forte, j'y reviendrai), que la forme d'une véritable campagne: il s'agit d'exhortations, il s'agit de conseils, il s'agit d'injonctions. Cette littérature est composée de manuels, dont les uns sont destinés aux parents. Par exemple, il y a des mémentos du père de famille, qu'on trouve jusque vers 1860, sur la manière d'empêcher les enfants de se masturber. Vous avez des traités qui sont, au contraire, destinés aux enfants, aux adolescents eux-mêmes. Le plus célèbre, c'est le fameux Livre sans titre, qui n'a pas de titre mais qui comprend des illustrations, c'est-à-dire, d'une part, des pages où l'on analyse toutes les conséquences désastreuses de la masturbation et, sur la page d'en face, la physionomie de plus en plus décomposée, ravagée, squelettique et diaphane du jeune masturbateur qui s'épuise. Cette campagne comporte également des institutions destinées à guérir ou soigner les masturbateurs, des tracts pour des médicaments, des appels de médecins qui promettent aux familles de guérir leurs enfants de ce vice. Une institution, par exemple, comme celle de Salzmann, en Allemagne, affirmait qu'elle était la seule institution dans toute l'Europe où les enfants ne se masturbaient jamais. Vous trouvez des recettes, des prospectus pour des médicaments, pour des appareils, pour des bandages, sur lesquels nous reviendrons. Et je terminerai ce très rapide survol du caractère vraiment de campagne, de croisade, de cette littérature anti-masturbatoire, sur ce petit fait. On a organisé, semble-t-il, sous l'Empire (en tout cas, dans les dernières années du XVIIIe – début du XIXe siècle, en France), un musée de cire où l'on invitait les parents à venir accompagnés de leurs enfants, si du moins ceux-ci avaient donné des signes de masturbation. Ce musée de cire représentait précisément, sous la forme de la statue, tous les accidents de santé qui pouvaient arriver à quelqu'un qui se masturbait. Ce musée de cire, à la fois musée Grévin et musée Dupuytren de la masturbation, a, semble-t-il, disparu de Paris vers les années 1820, mais on en a trace à Marseille en 1825 (et bien des médecins de Paris se plaignent de n'avoir plus à leur disposition ce petit théâtre). Je ne sais pas s'il existe toujours à Marseille!" (Michel Foucault, *Les anormaux - Cours Année 1974-1975*, Cours du 5 mars 1975, http://psycha.ru/fr/foucault/1974/les_anormaux10.html)

[18]"*Car si, jusqu'au 18ème siècle, la masturbation est avant tout affaire de théologie - elle est un pêché mortel, au même titre que la bestialité ou la sodomie -, elle finit par susciter l'intérêt des médecins, qui se soucient de ses effets sur le corps. Les premiers ouvrages majeurs sur le sujet, Onania (publié à Londres en 1715) et L'onanisme de Tissot (1760), donnent le coup d'envoi d'une véritable campagne anti-masturbatoire sur fond d'hygiénisme qui va se poursuivre durablement, jusqu'au 20ème siècle. Pour les médecins, cela ne fait aucun doute: la masturbation est un péril*

pour la jeunesse (et pas seulement), et même un danger mortel. Dès lors, tout sera fait pour dissuader le jeune homme confronté à ses hormones de laisser libre cours à ses pulsions onanistes. Évidemment, la morale religieuse n'est certainement pas étrangère à ce discours.
Ainsi, dans Onania, le Dr. Balthazard Bekker décrit sans ambages les effets néfastes de la masturbation: "maux d'estomac et troubles de la digestion, perte d'appétit, vomissements, nausée, troubles de la respiration, toux, enrouement, paralysie, impuissance sexuelle, perte de libido, mal de dos, troubles de l'ouïe et de la vue, anémie, pâleur, maigreur, pustules sur le visage, affaiblissement des capacités intellectuelles, pertes de mémoire, folie, idiotie, épilepsie, fièvre et enfin suicide."...
Même son de cloche chez le célèbre médecin suisse Samuel-Auguste Tissot, figure de proue de l'opposition médicale à l'onanisme au 18ème siècle et théoricien des vertus du sperme - qu'il considérait comme l'un des fluides les plus essentiels au bon fonctionnement du corps humain - qui écrivait, quelques décennies plus tard: "La trop grande perte de semence produit la lassitude, la débilité, l'immobilité, des convulsions, la maigreur, le dessèchement, des douleurs dans les membranes du cerveau; émousse le sens, et surtout la vue; donne lieu à la consomption dorsale, à l'indolence et à diverses maladies qui ont de la liaison avec celles-là."
Propagées par quelques-uns des esprits les plus brillants de l'époque, ces théories se répandirent rapidement, au point d'être acceptées comme canoniques presque tout au long du 19ème siècle. Et c'est ainsi que fut publié à Paris, en 1830, un ouvrage

remarquable dont l'auteur est resté anonyme, et qu'on baptisa tout simplement Le livre sans titre, de peur de prononcer le simple terme de masturbation. Le livre est simplement sous-titré, dans certaines éditions, "Les conséquences fatales de la masturbation", et dédié "Aux jeunes gens, et aux pères et mères de famille". Là encore, on l'aura deviné, le propos est clair: il s'agit d'effrayer les masturbateurs potentiels, mais aussi les parents qui pourraient se montrer trop laxistes avec leur progéniture en oubliant de dissimuler soigneusement la collection d'estampes licencieuses du père.

Mais ce qui est vraiment fascinant, dans ce livre unique en son genre, ce sont les 16 gravures qui illustrent la déchéance du jeune homme en proie aux affres de l'onanisme. "Il était jeune, beau: il faisait l'espoir de sa mère...", peut-on lire sur la première, qui représente effectivement un jeune et beau garçon dont la tête laisse penser qu'il est à deux doigts de s'inscrire en hypokhâgne option théâtre. Mais très vite, on bascule dans l'horreur: tel Jeff Goldblum dans La Mouche, le pauvre jeune homme se met à perdre ses dents, à vomir du sang, à se couvrir d'ignobles pustules et finit par mourir, exsangue, dans le lit où il avait sans doute accompli ses méfaits solitaires." (https://motherboard.vice.com/fr/article/wjey95/des-dangers-mortels-de-la-masturbation)

"Onania, pamphlet publié à Londres au début du XVIIIe siècle, marque le début d'une véritable campagne de lutte contre la masturbation, qui mobilise pendant plus d'un siècle médecins, éducateurs et moralistes dans toute l'Europe.../...

Définie comme un cas limite du rapport à soi par les autorités médicales et morales des XVIIIe et XIXe siècles, la masturbation met en cause la relation entre sujet et objet. Dans cet entrecroisement des rôles et des usages de soi, l'individu a affaire à des objets multiples (les objets de ses désirs comme les instruments de son plaisir): il est à la fois sujet et objet. Dans la masturbation, et c'est bien cela qui effraie les médecins comme les philosophes, sujet et objet se confondent et ne sont jamais donnés par avance. Il faut donc intervenir pour rétablir la relation normative à soi, laquelle est structurée par la domination de genre: les masturbatrices doivent cesser le commerce illicite avec leur propre corps pour redevenir objet passif du désir de l'imaginaire masculin; inversement, les masturbateurs doivent être rééduqués à n'instrumentaliser que des corps féminins.

.../...

Pour les philosophes et les médecins des Lumières, ce qu'il y a d'inadmissible dans la masturbation est la façon dont le sujet se traite soi-même. En se prenant comme objet de jouissance, l'individu se réduit lui-même à n'être qu'une chose au service d'un penchant animal. Chez Kant, les réflexions sur la masturbation figurent immédiatement après la question du suicide. Ce qu'il y a de commun aux deux questions, c'est que la masturbation, comme le suicide, contredisent le devoir que l'homme a, en tant qu'être vivant, de se conserver soi-même. Mais le soi n'est cependant pas pris au même sens dans les deux cas: le suicide contredit le devoir de conservation de soi en tant qu'individu, alors que la masturbation, pratique inféconde, contredit la finalité naturelle de la conservation de soi en tant qu'espèce. Telle que problématisée par Kant, la masturbation apparaît donc comme une double mise en crise du rapport à soi: à la fois comme personne morale et comme individu appartenant à une espèce vivante. La formulation du problème de la masturbation est non seulement contemporaine de l'émergence des formes modernes de la subjectivité, mais aussi de la question de la population comme objet et cible principale de l'intervention politique." (Grégoire Chamayou et Elsa Dorlin, "*L'objet = X. Nymphomanes et masturbateurs XVIIIe-XIXe siècles*", Nouvelles Questions Féministes, 2005/1, Vol. 24, pp. 53-66, https://www.cairn.info/revue-nouvelles-questions-feministes-2005-1-page-53.htm)

[19] https://video-images.vice.com/_uncategorized/1495548013284-livre-sans-titre-1830-danger-masturbation-14-722x920.jpeg?resize=722:*

[20] Voir la série complète des seize illustrations sur le site: https://motherboard.vice.com/fr/article/wjey95/des-dangers-mortels-de-la-masturbation

[21] Picabia, *Jésus-Christ rastaquouère*, sans lieu d'édition ni éditeur, Collection Dada, 1920, p. 33.

[22] *Francis Picabia: Materials and Techniques*, p. 66.

[23] "*The work may have been exhibited in Francis Picabia: peintures sur-irréalistes at the Galerie Denise René in Paris in 1946. Given this, the date of "1949" may be a later addition to the work.*" (*Ibid.*, Fig. 16 p. 72)

[24] *Ibid.*, Fig. 17 p. 72.

[25] https://thehumblefabulist.com/tag/francis-picabia/

[26] https://www.pinterest.es/pin/404901822720157662/; https://www.flickr.com/photos/centralasian/6260299704; http://kincinaitis.blogspot.com/2011/10/p-francis-picabia-femme-au-monocle-1924.html

[27] "*Homme*», de Pablo Picasso (1972). «*La Femme au monocle*», de Francis Picabia: un même attrait pour le motif du point." (http://m.lamarseillaise.fr/culture/expos/70526-picasso-et-picabia-un-dialogue-inedit)

[28] https://fr.wikipedia.org/wiki/%C5%92dipe_explique_l%27%C3%A9nigme_du_sphinx

[29] *Francis Picabia: Materials and Techniques*, p. 30 et Fig. 5 p. 32.

[30] https://www.pinterest.fr/pin/76350156165438153/

[31] https://www.moma.org/collection/works/35940?artist_id=1752&locale=fr&sov_referrer=artist

[32] http://kunstschau.netsamurai.de/max-ernst-im-garten-der-nymphe-ancolie/; https://www.ksta.de/ausstellung-ii--p%C3%A9tales-et-jardin-de-la-nymphe-ancolie--12147024

[33] http://www.max-ernst.com/the-nymph-echo.jsp

[34] https://www.pinterest.com/pin/79798224628109435/

[35] http://maxernst.chez-alice.fr/Page_3.html

[36] https://fr.wikipedia.org/wiki/Ghosts_Before_Breakfast

[37] https://www.youtube.com/watch?v=oeosT_6vG7g

[38] https://es.wahooart.com/@@/9H5R8M-Rene-Magritte-Le-viol

[39] https://www.centrepompidou.fr/cpv/resource/cR5dzoM/r6re6y9 et https://fr.wikipedia.org/wiki/Le_Viol_(Magritte)

[40] https://fr.wikipedia.org/wiki/Le_Fils_de_l%27homme_(Magritte)

⁴¹https://www.artdependence.com/articles/ren%C3%A9-magrittes-le-principe-du-plaisir-at-sothebys-impressionist-and-modern-art-sale/
⁴²https://ornakretchmer.files.wordpress.com/2012/11/3424858736_7bf61e03871.jpg
⁴³https://en.wikipedia.org/wiki/The_Pleasures_of_Electricity
⁴⁴https://ornakretchmer.wordpress.com/2012/11/07/module-6-rene-magritte-surrealism/
⁴⁵https://fr.wikipedia.org/wiki/Autoportrait_dans_un_miroir_convexe
⁴⁶Alexandre Couvez, "*Les Misérables, par Victor Hugo. Première Partie: Fantine*", Revue Belge et étrangère, Nlle Série, T. XIII, Bruxelles, 1863, p. 649; repris dans l'ouvrage du même auteur, *Études critiques sur la littérature et l'art*, Bruges, Typ.-Lith. Edw. Gailliard & Comp., 1865, p. 382.
⁴⁷"*- À bas la sagesse! oubliez tout ce que j'ai dit. Ne soyons ni prudes, ni prudents, ni prud'hommes. Je porte un toast à l'allégresse; soyons allègres! Complétons notre cours de droit par la folie et la nourriture. Indigestion et digeste. Que Justinien soit le mâle et que Ripaille soit la femelle! Joie dans les profondeurs! Vis, ô création! Le monde est un gros diamant! Je suis heureux. Les oiseaux sont étonnants. Quelle fête partout! Le rossignol est un Elleviou gratis. Été, je te salue. Ô Luxembourg, ô Géorgiques de la rue Madame et de l'allée de l'Observatoire! Ô pioupious rêveurs! ô toutes ces bonnes charmantes qui, tout en gardant des enfants, s'amusent à en ébaucher! Les pampas de l'Amérique me plairaient, si je n'avais les arcades de l'Odéon. Mon âme s'envole*

dans les forêts vierges et dans les savanes. Tout est beau. Les mouches bourdonnent dans les rayons. Le soleil a éternué le colibri. Embrasse-moi, Fantine!" (Victor Hugo, *Les Misérables*, I-III-VII)

L'incohérence sociale ("*ô toutes ces bonnes charmantes qui, tout en gardant des enfants, s'amusent à en ébaucher!*") s'associe à l'ivresse du personnage, qui confond les grisettes (le chapite conclut sur ce dernier paragraphe d'une ligne, juste après la tirade que nous venons de citer: "*Il se trompa, et embrassa Favourite.*"), l'inversion des continents ("*Les pampas de l'Amérique me plairaient, si je n'avais les arcades de l'Odéon.*") marquant ainsi la sauvagerie comparée de notre société (ce que reprendra encore: "*Quant à nous, si nous étions forcés à l'option entre les barbares de la civilisation et les civilisés de la barbarie, nous choisirions les barbares.*" en IV-I-V) On assumera identiquement que "*Les mouches bourdonnent dans les rayons. Le soleil a éternué le colibri.*" Confond les abeilles avec de simples mouches, comme Tholomyès le sage sera celui qui mit enceinte l'également sage (au moins comparée à ses compagnes, selon le roman) Fantine. On notera que les métaphores aviaires sont réutilisées par deux fois pour Cosette, fille de Fantine et de Tholomyès, notamment celle du colibri: "*Il ne pouvait s'imaginer que ce fût vraiment cette créature divine qu'il apercevait au milieu de ces êtres immondes dans ce taudis monstrueux. Il lui semblait voir un colibri parmi des crapauds.*" (III-VIII-X) "*La germination se complique de l'éclosion d'un météore et du coup de bec de l'hirondelle brisant l'oeuf, et elle mène de front la naissance d'un ver de terre et l'avènement de Socrate."* (IV-III-III)

On trouve, chez les biologistes Étienne Mulsant et Edouard Verreaux (*Histoire naturelle des oiseaux-mouches ou colibris, constituant la famille des trochilidés*, Lyon, Au Bureau de la société linnéenne, 1876, T. II, p. 126), certes postérieurement aux *Misérables*, mais tout de même, l'association entre le soleil et le colibri, s'agissant des reflets du premier sur le second: *"Le Colibri Topaze habite le nord du Brésil, les bords de l'Amazone jusqu'à la barre du Rio-Negro, et principalement les forêts de la Guyane. (Verreaux, Bourcier, Gould, Elliot, Salvin, Muséum de Paris, Loddiges, Boucard, Sallé, de Prulay, Bouvier, Salles.)*

Ce Colibri, regardé avec raison comme un des plus beaux oiseaux du NouveauMonde, réunit à une taille élégante la robe la plus riche et la plus éclatante; les feux du rubis, le jaune de l'opale, la pourpre du saphir, le noir du velours, se marient, se combinent et s'harmonisent pour composer sa splendide parure.

Quel éclat cet oiseau doit-il emprunter des lieux qu'il anime, qu'il vivifie par sa présence! Qu'on se figure les rayons du soleil frappant sur ce corps qu'un vol rapide emporte, comme une flèche de feu, au milieu des larges feuilles en parasol des Canna, dans les guirlandes rameuses des Passiflores, ou sur lès aigrettes des Eugenia et des Poincinades!"

Le colibri est, pour les anciens précolombiens, associé au soleil et à la mort: [...] *les Aztèques ne confondaient pas vraiment Huitzilopochtli avec le soleil, c'est qu'ils voyaient plutôt en lui le représentant majeur, le prototype par excellence du guerrier mort et divinisé. C'est pourquoi il était un dieu-colibri, car les*

morts en question étaient censés reparaître en ce bas monde sous la forme de ces petits oiseaux insaisissables et querelleurs. De même que ces morts passaient pour descendre du ciel sous cet aspect d'oiseaux, de même Huitzilopochtli était né d'une touffe de duvet tombée du ciel." (Michel Gilonne, "*Les colibris, symbolique précolombienne et utilisations religieuses dans le Mexique actuel*", Nouveau monde et renouveau de l'histoire naturelle, Presses Sorbonne Nouvelle, 1986, Vol. III, p. 41)
S'agissant d'une tragique naissance, celle du colibri-Cosette (la petite chose, pour faire un simil avec le titre, également postérieur, d'Alphonse Daudet [hypothèse du sens du nom de l'héroïne de Hugo que nous donnons ici confirmée par ce propos: "– *Et dépêchez-vous, monsieur Chose, puisque mamselle Chosette attend./ Gavroche fut satisfait d'avoir produit ce mot.*", en IV-XV-II]), le sens de cette expulsion par le soleil du colibri, qui, à la fois, en est la forme matérialisée, mais devrait être considéré comme celui qui produit le chant et non le soleil, renvoie à la relation de pouvoir entre le fils de bourgeois et la grisette qu'il prend puis abandonne, comme, postérieurement, le symbole s'inverse, le colibri, oiseau, donc capable de voler et ainsi de se rapprocher du soleil, être par conséquent brillant, s'opposera aux Thénardier, crapauds, nocturnes, préparant, pour l'époux, déjà le guet-apens contre son père adoptif Jean Valjean, en III-VIII-X.
On ne demandera, certes pas, au critique d'être exégète. Cela absout sans aucun doute un Couvez, mais pas un Daniel Arasse.
[48] *Les Harangues de l'exil Par F.D. Dancel*, Paris, Librairie Internationale, et Bruxelles, Livourne et Leipzig, A. Lacroix,

Verboeckhoven et Cie, Éditeurs, 1863, T. II *La Fontaine. - Boileau. - Pascal. - Bossuet. - Bayle*, "*Blaise Pascal - Les Pensées*", p. 196.

PLANCHES

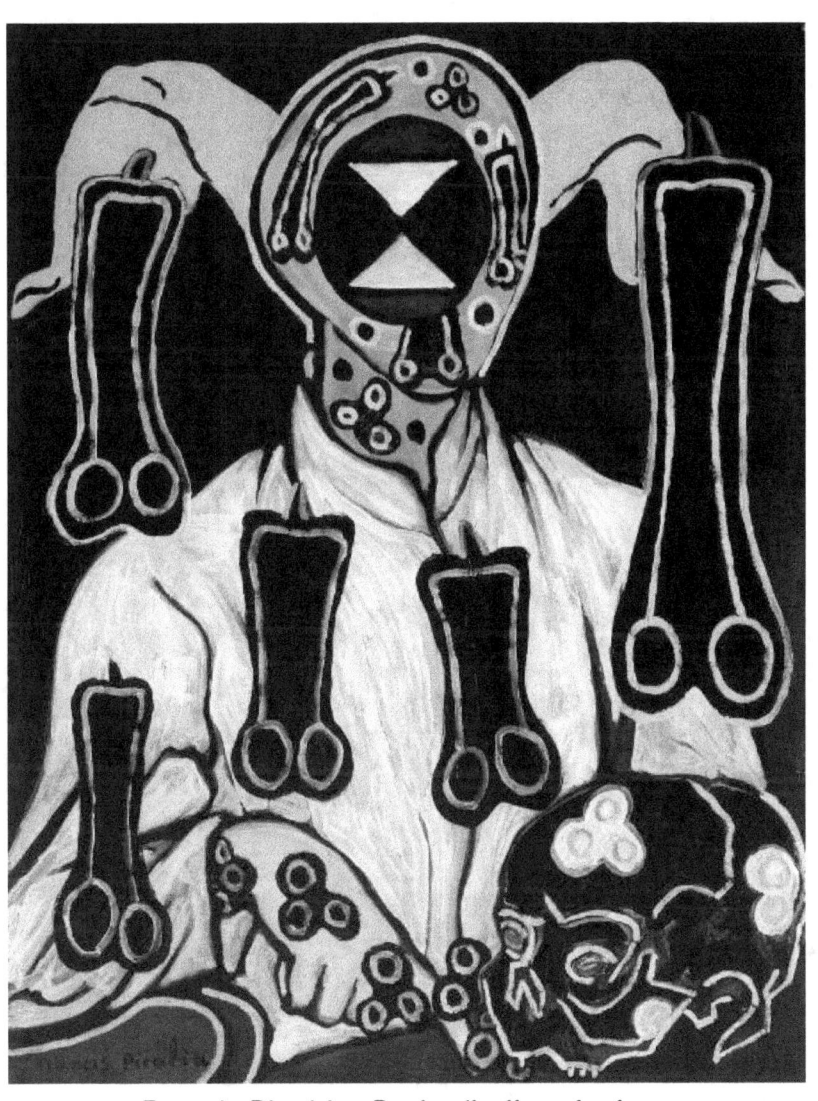

Francis Picabia, *Portrait d'un docteur*

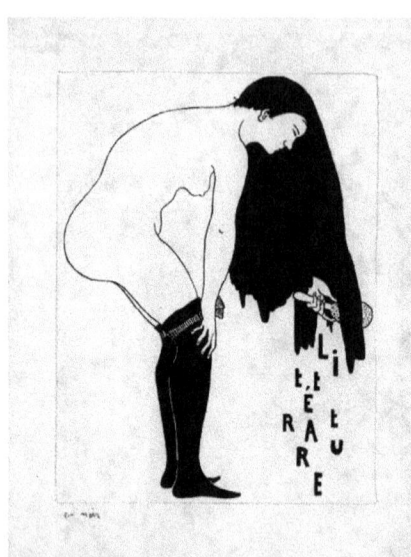
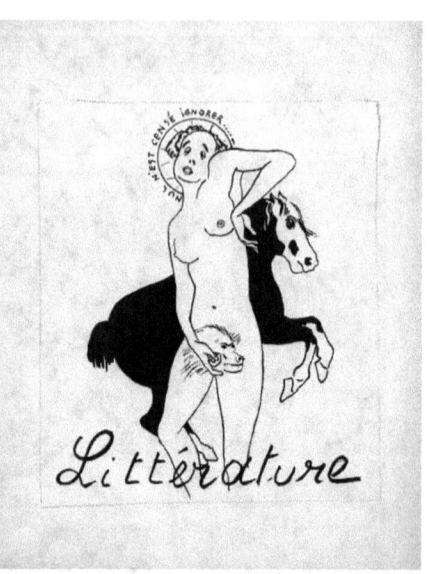
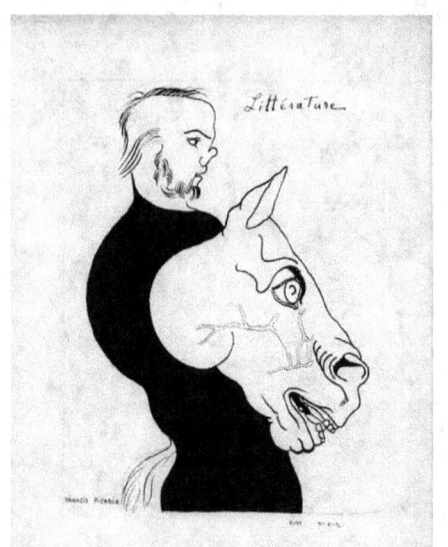
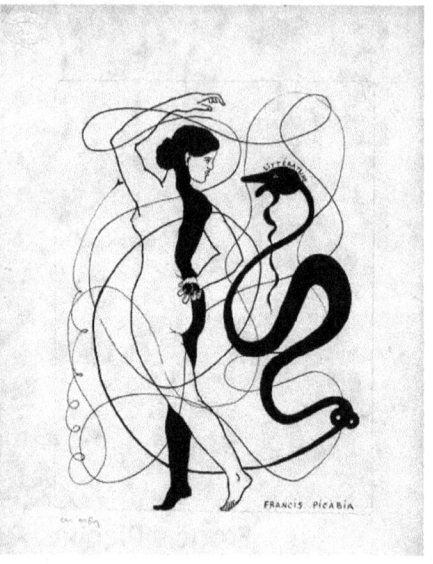

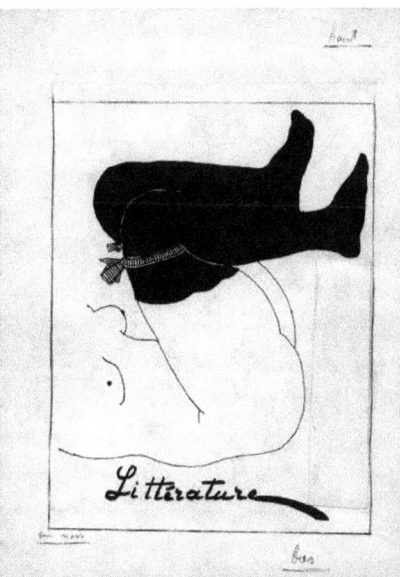
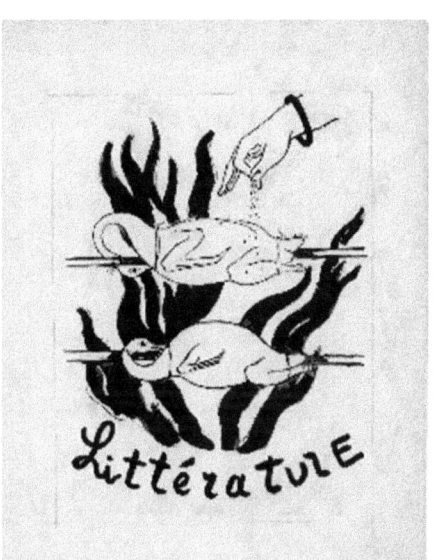
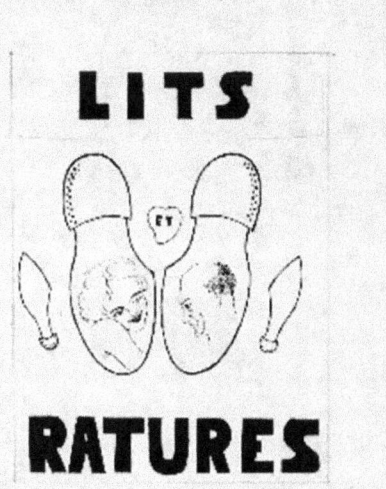
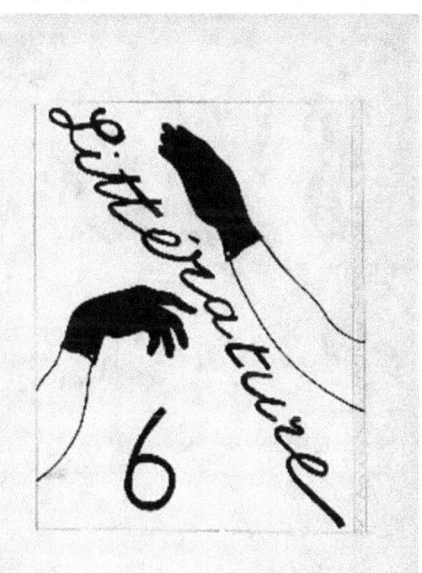

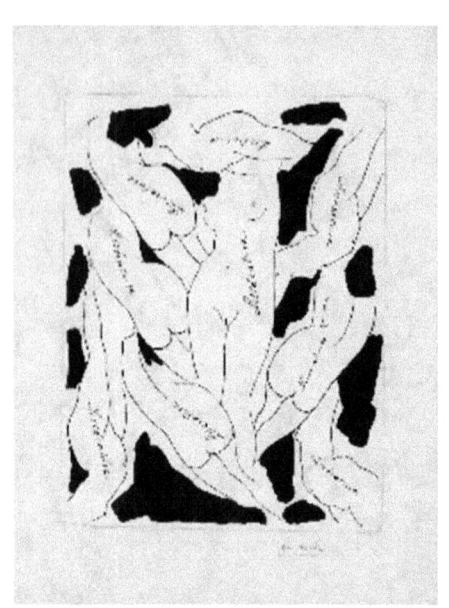

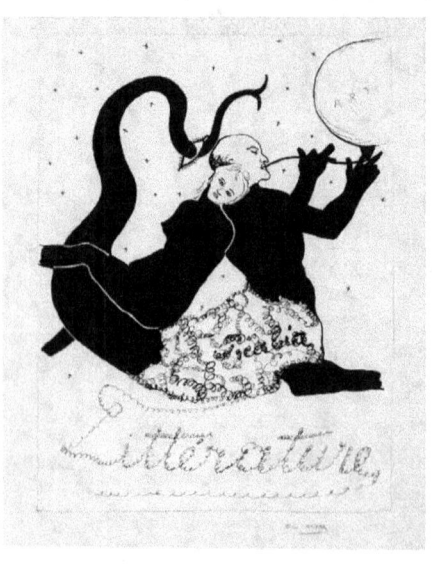
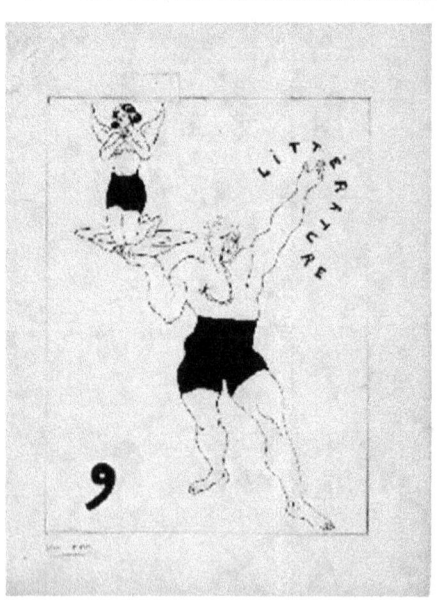

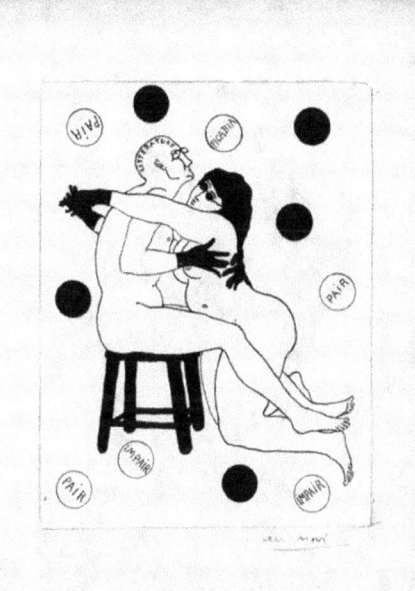
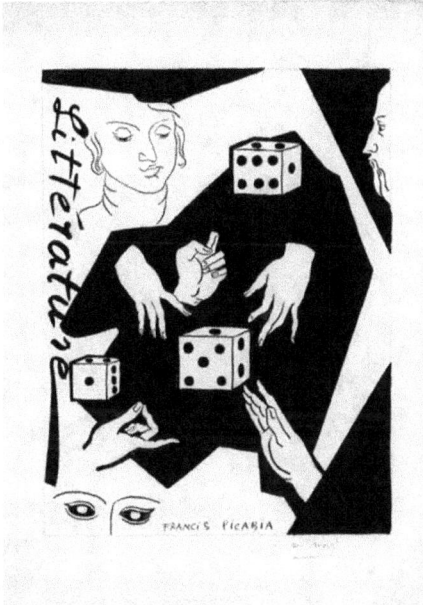
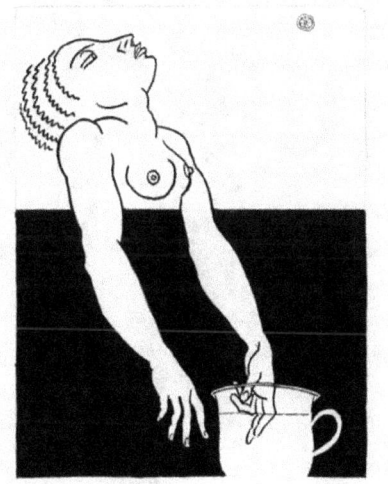
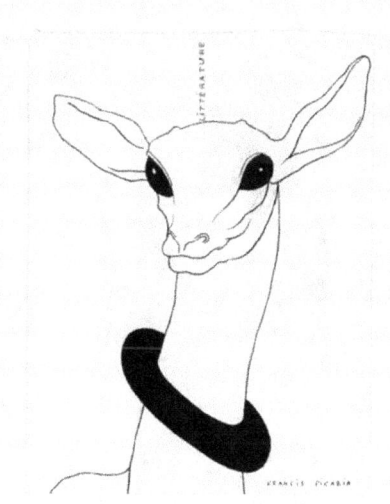

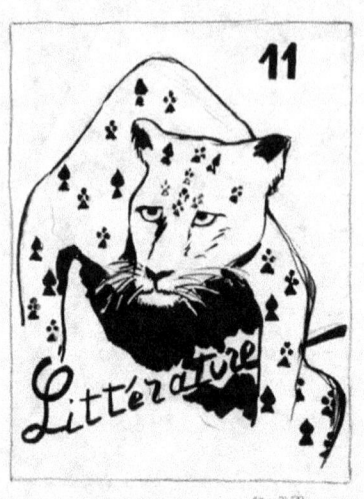
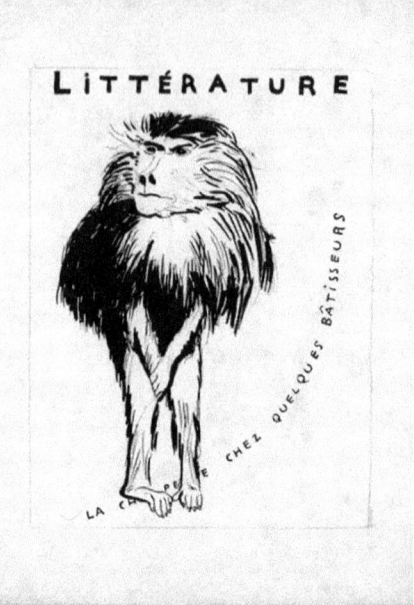
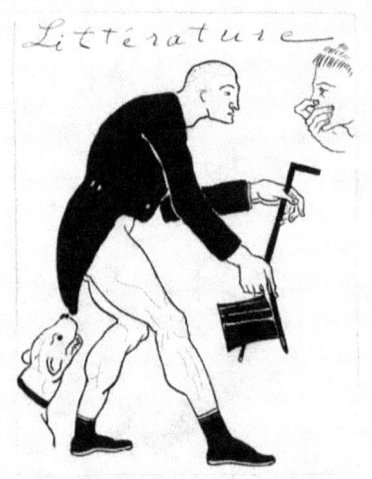
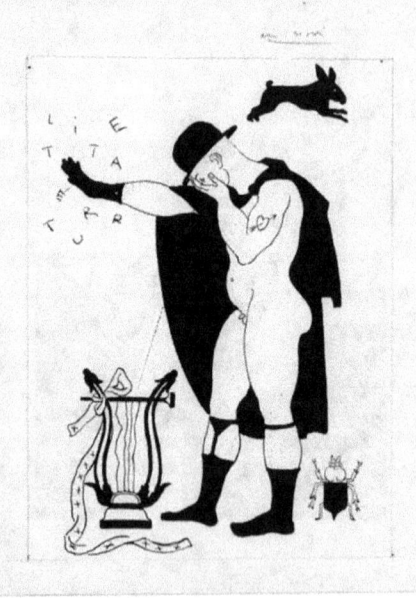

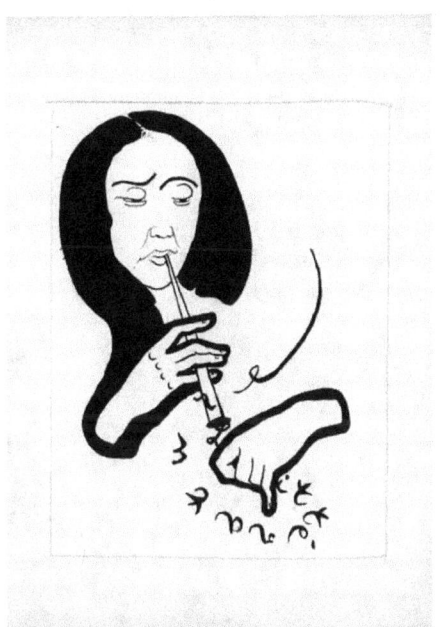
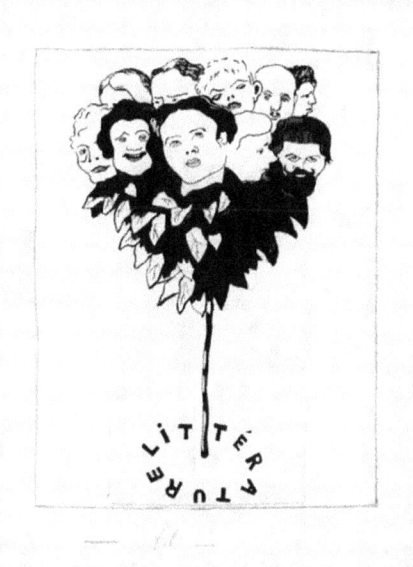
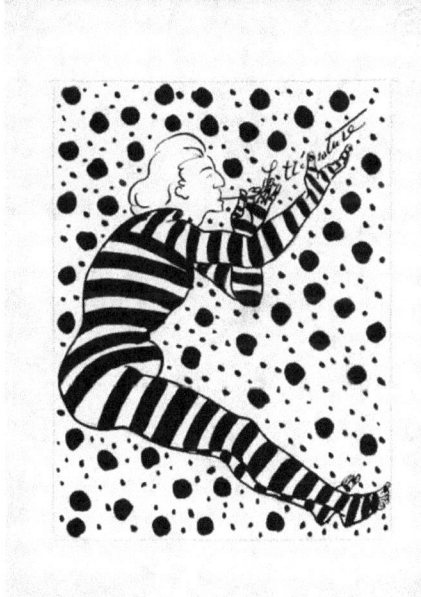
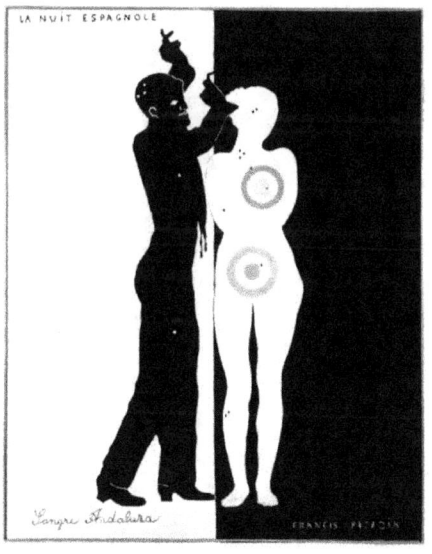

Francis Picabia, *La nuit espagnole*

TURBINE AÉRIENNE A AXE VERTICAL

quelles que soient la force et la direction du vent, d'où grand avantage.

Pour être à même d'appliquer sa turbine à la production de l'énergie électrique, M. Lafond devait, en outre, la pourvoir d'un dispositif auto-régulateur de vitesse. Il a imaginé pour cela de rendre mobiles les aubes de la roue autour des axes secondaires S, S, S. (Voir la fig. de la page suivante). Ces axes reçoivent des pignons dentés sur lesquels passe une chaîne. L'une des extrémités de la chaîne est fixée en un point A de l'un des pignons, l'autre aboutit à un ressort réglable B. On voit que la traction du ressort a pour résultat de maintenir les aubes ouvertes, de telle façon qu'elles offrent le plus de prise possible à l'effort tangent. Lorsque le vent atteint une certaine vitesse et que la pression qu'il exerce sur les aubes dépasse, par conséquent, une limite fixée par la puissance du ressort, les aubes cèdent et se replient de plus en plus sous l'effort croissant du vent, jusqu'à devenir parallèles à la direction des filets d'air. Dans ces conditions, il est certain que le régime du moteur sera à peu près constant, quelle que soit la vitesse du vent. Il s'ensuit naturellement que l'application de l'éolienne à la production du courant électrique en sera d'autant facilitée.

La question de l'éclairage est assez compliquée par le fait que la rotation relativement lente du moteur à vent est incompatible avec le régime excessivement élevé des dynamos de type courant. M. Lafond a surmonté cette difficulté en étudiant une dynamo très simple, caractérisée par sa faible vitesse ; cette caractéristique permet de caler *directement* l'induit de la dynamo sur l'arbre de la turbine. La génératrice est, de plus, à excitation indépendante, de façon qu'elle puisse produire du courant dès qu'elle commence à tourner. Sa tension peut varier dans des limites considérables. Elle est couplée avec une batterie d'accumulateurs de grande capacité, composée d'un nombre d'éléments déterminé, de façon que son

B' LE RÉGULATEUR DE VITESSE DE LA TURBINE AÉRIENNE

Dès que le vent atteint une certaine vitesse, l'aube B', articulée en V, échappe à la puissance du ressort de retenue et se replie sous la pression du vent (ligne mixte B).

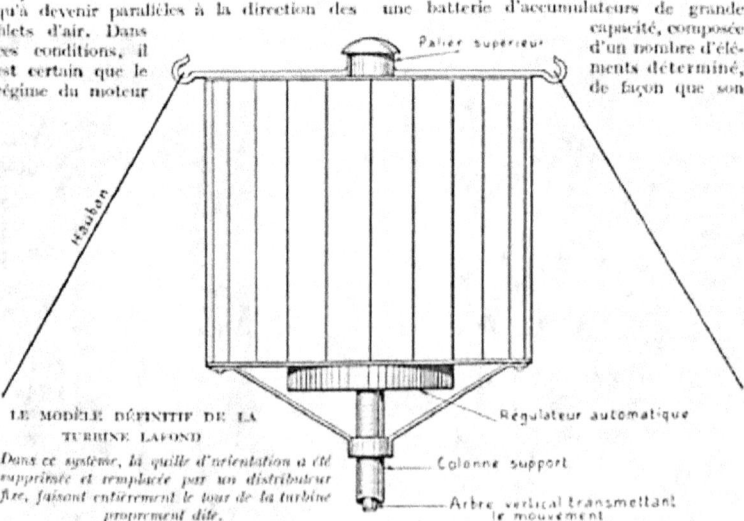

LE MODÈLE DÉFINITIF DE LA TURBINE LAFOND

Dans ce système, la quille d'orientation a été supprimée et remplacée par un distributeur fixe, faisant entièrement le tour de la turbine proprement dite.

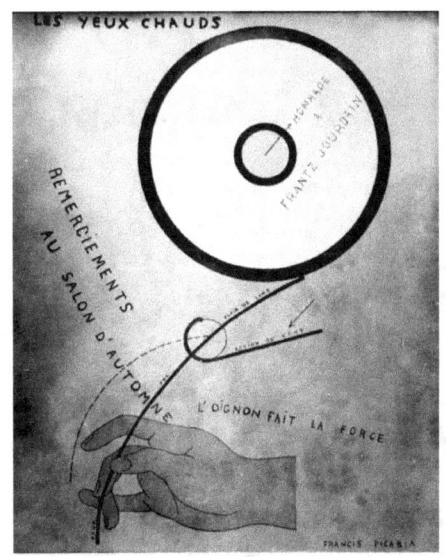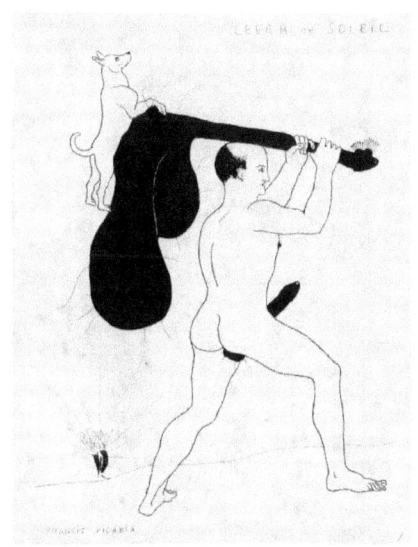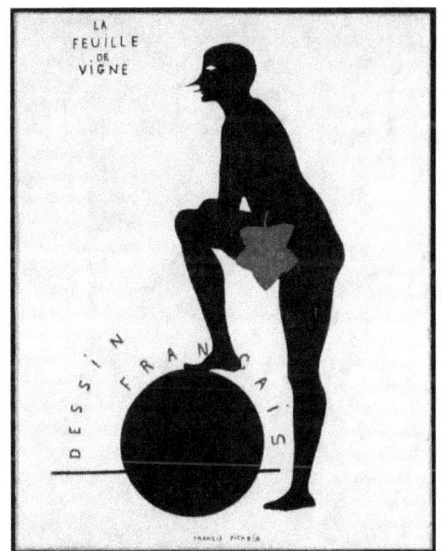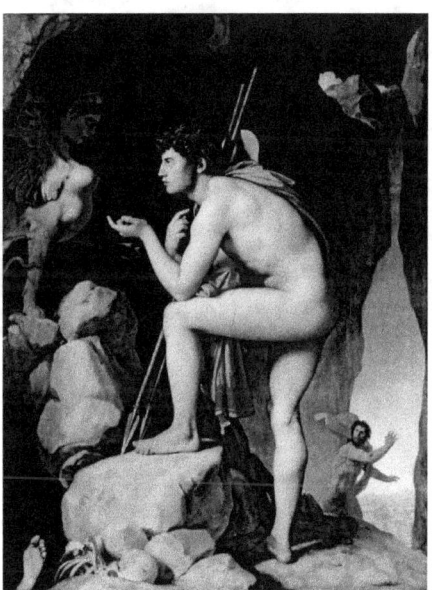

Francis Picabia, *Les yeux chauds*, *Lever de soleil*, *La Feuille de Vigne*; Jean-Auguste-Dominique Ingres, *OEdipe explique l'énigme du sphinx*

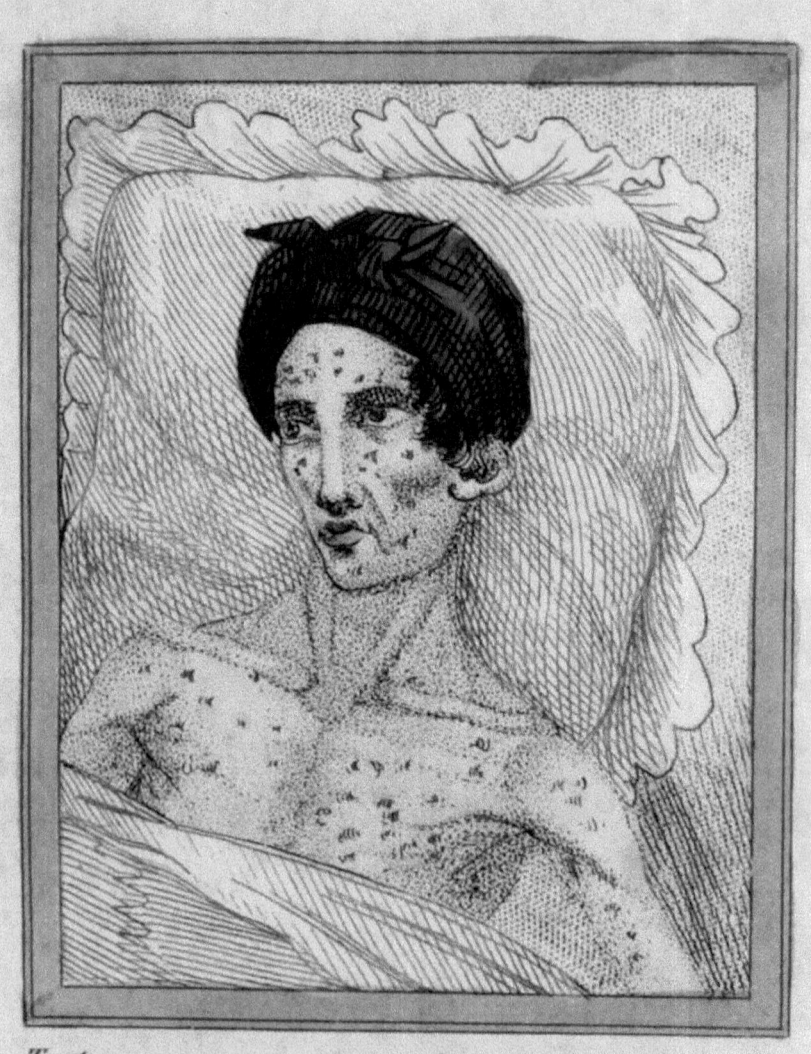

Tout son corps se couvre de pustules….il est horrible à voir!

Le livre sans titre, 1830, 12ème illustration

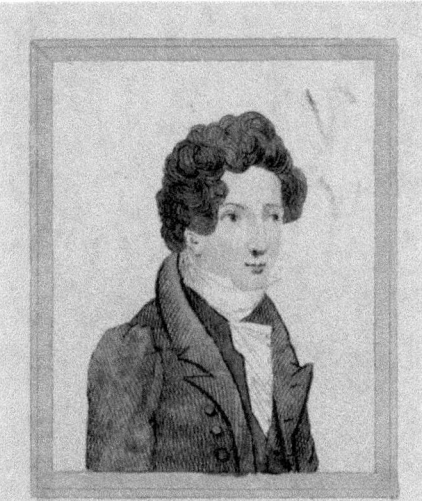
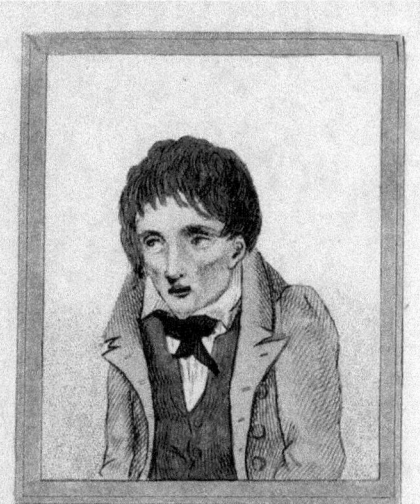
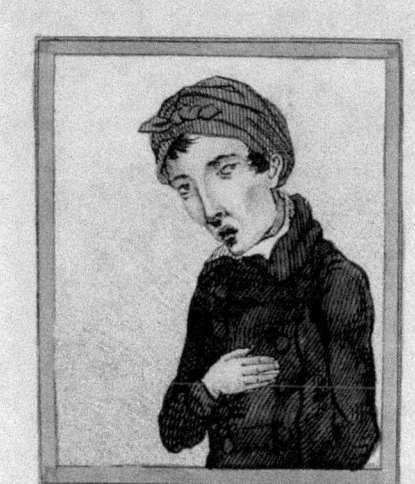
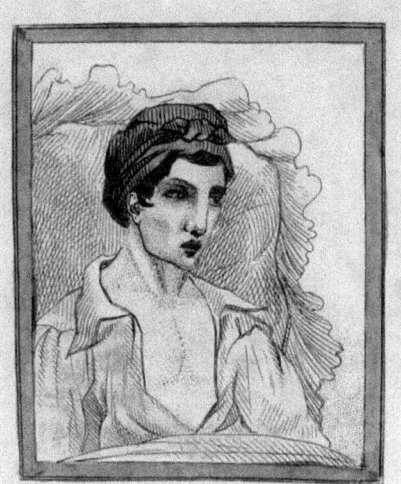

Le livre sans titre, 1830

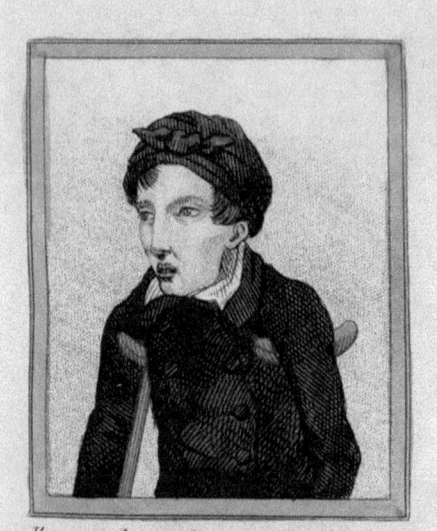

Il ne peut plus marcher...ses jambes fléchissent...

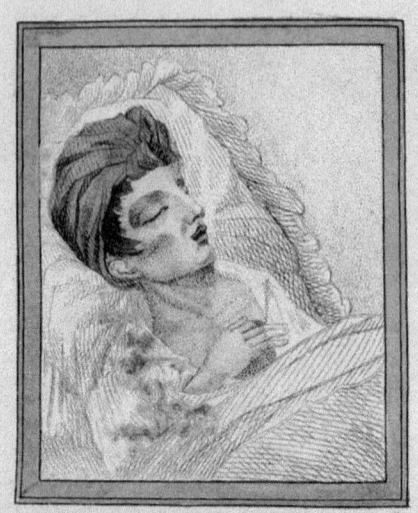

Des songes affreux agitent son sommeil......il ne peut dormir...

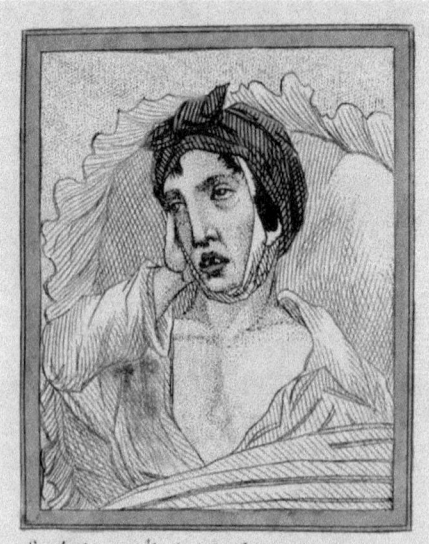

Ses dents se gâtent et tombent....

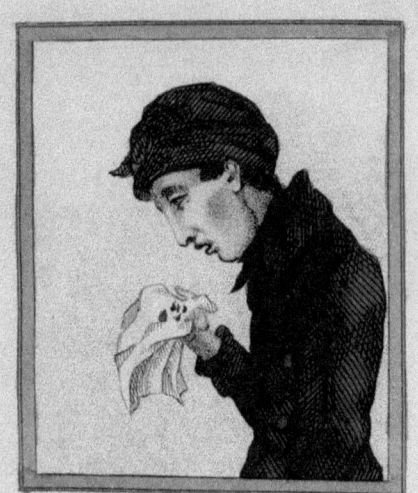

Sa poitrine s'enflamme....il crache le sang...

Le livre sans titre, 1830

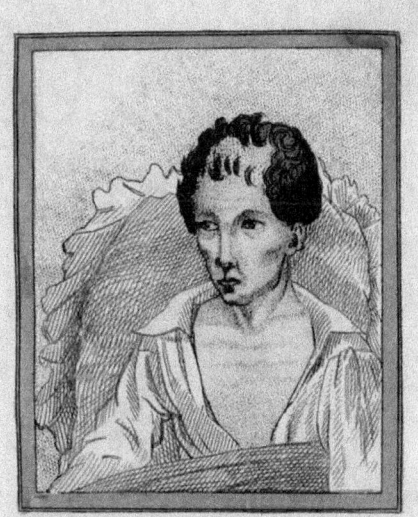
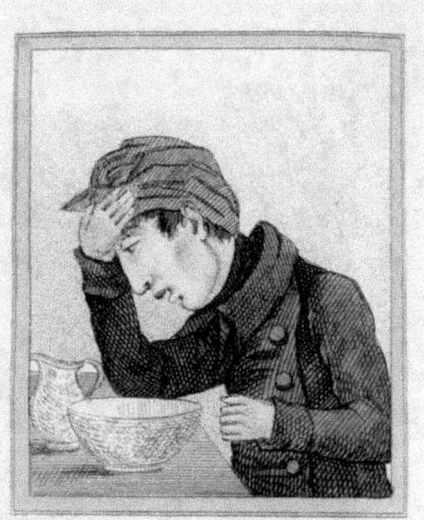
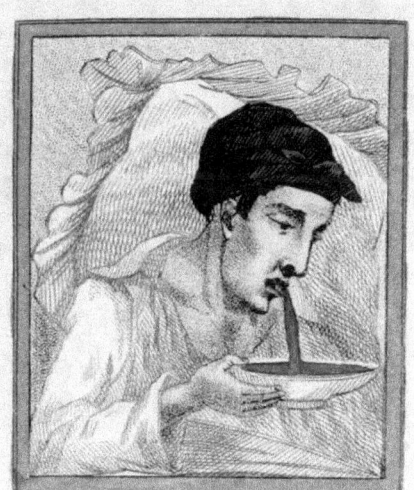
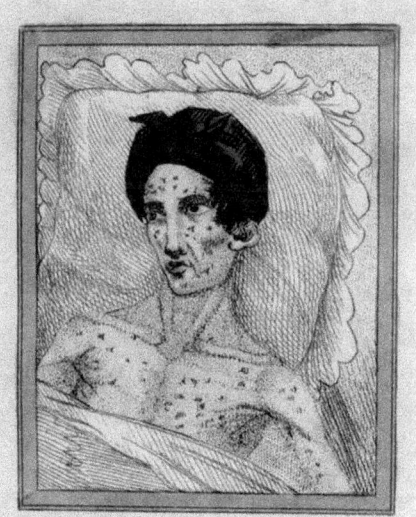

Le livre sans titre, 1830

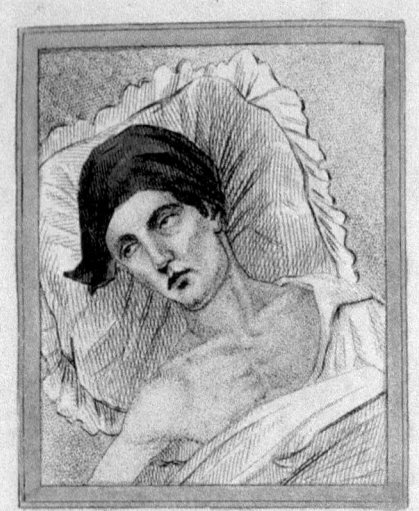
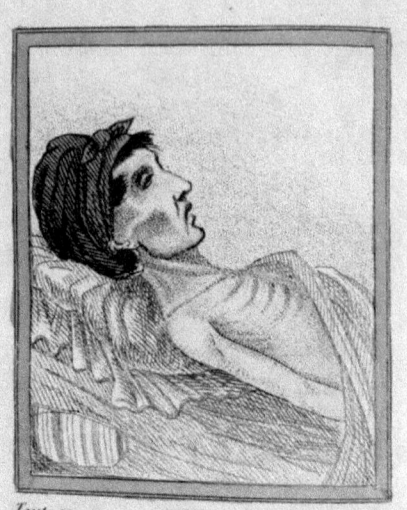
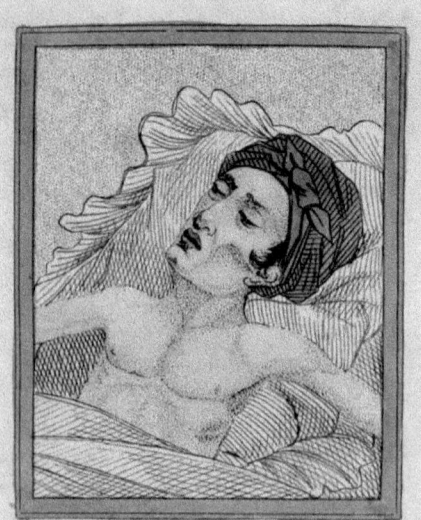
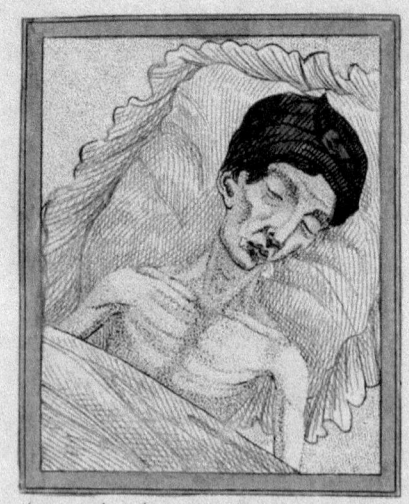

Le livre sans titre, 1830

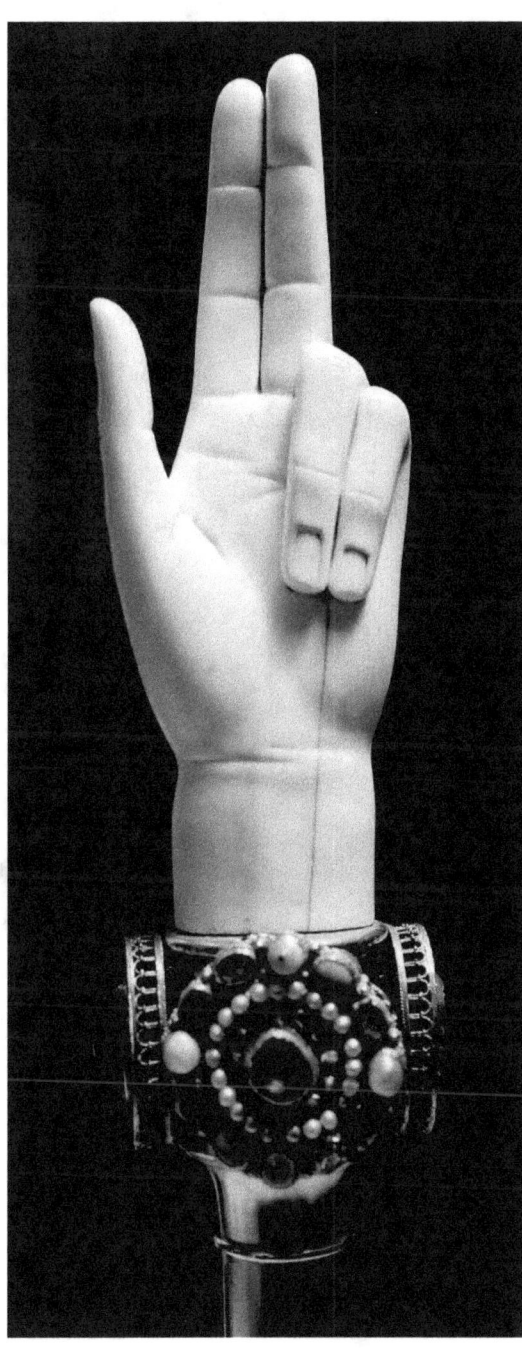

Main de justice réalisée pour le sacre de Napoléon Ier, incluant l'anneau de saint Denis, provenant du trésor de Saint-Denis. Ivoire, cuivre, or et camées, 1804.

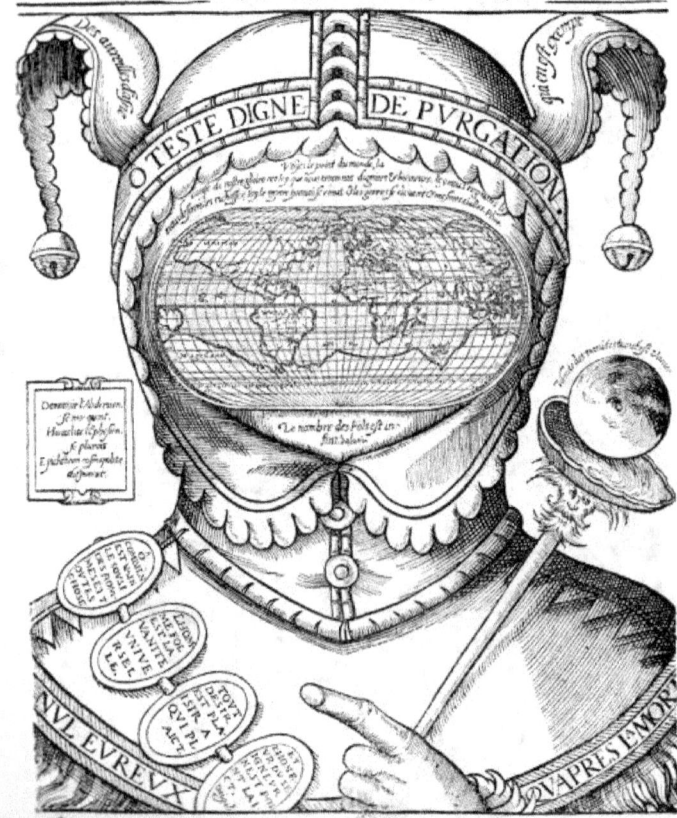

Jean de Gourmont, "*Cognois toy toy-mefme*"

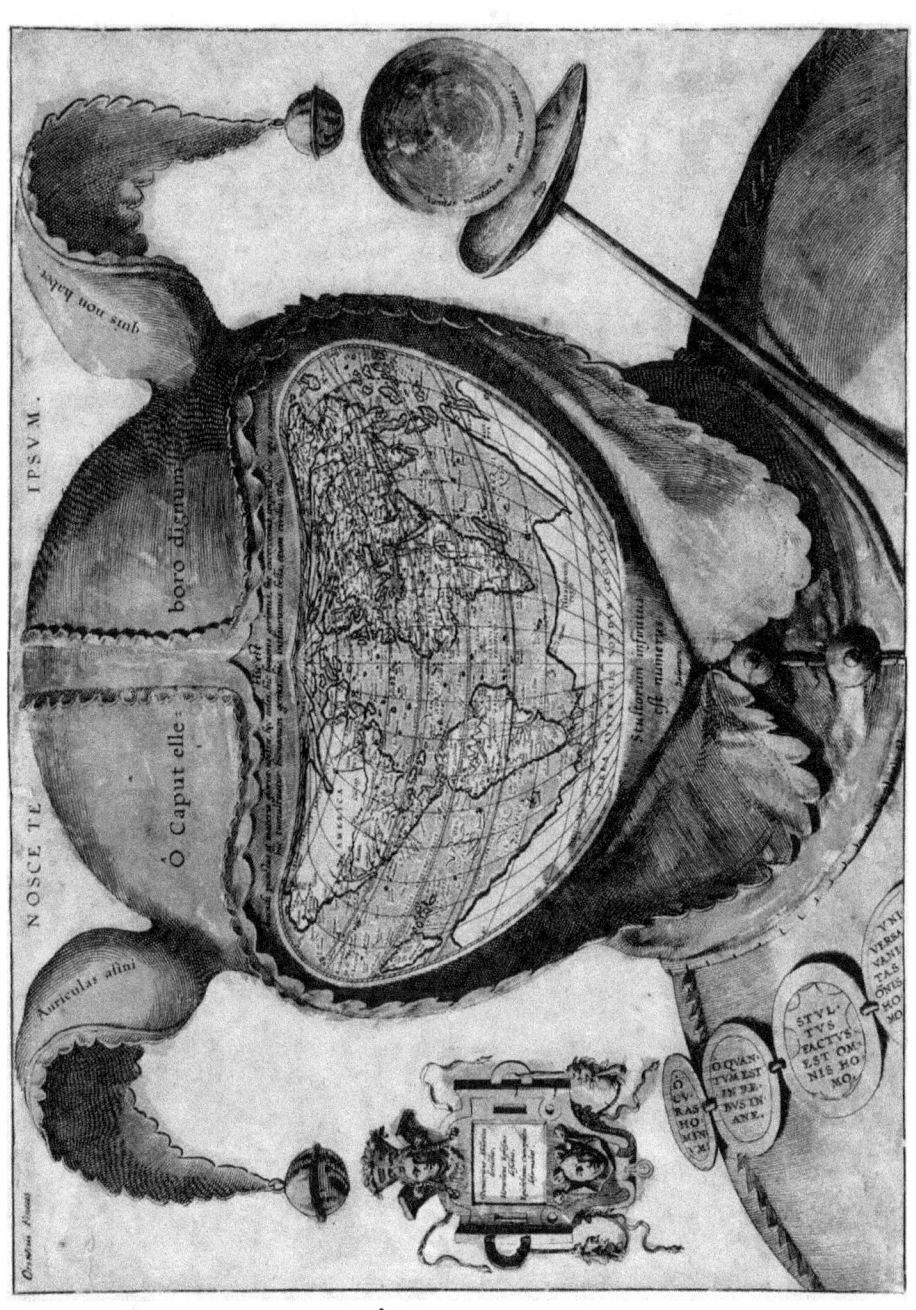

Oronce Fine, *Ô caput elleboro dignum*

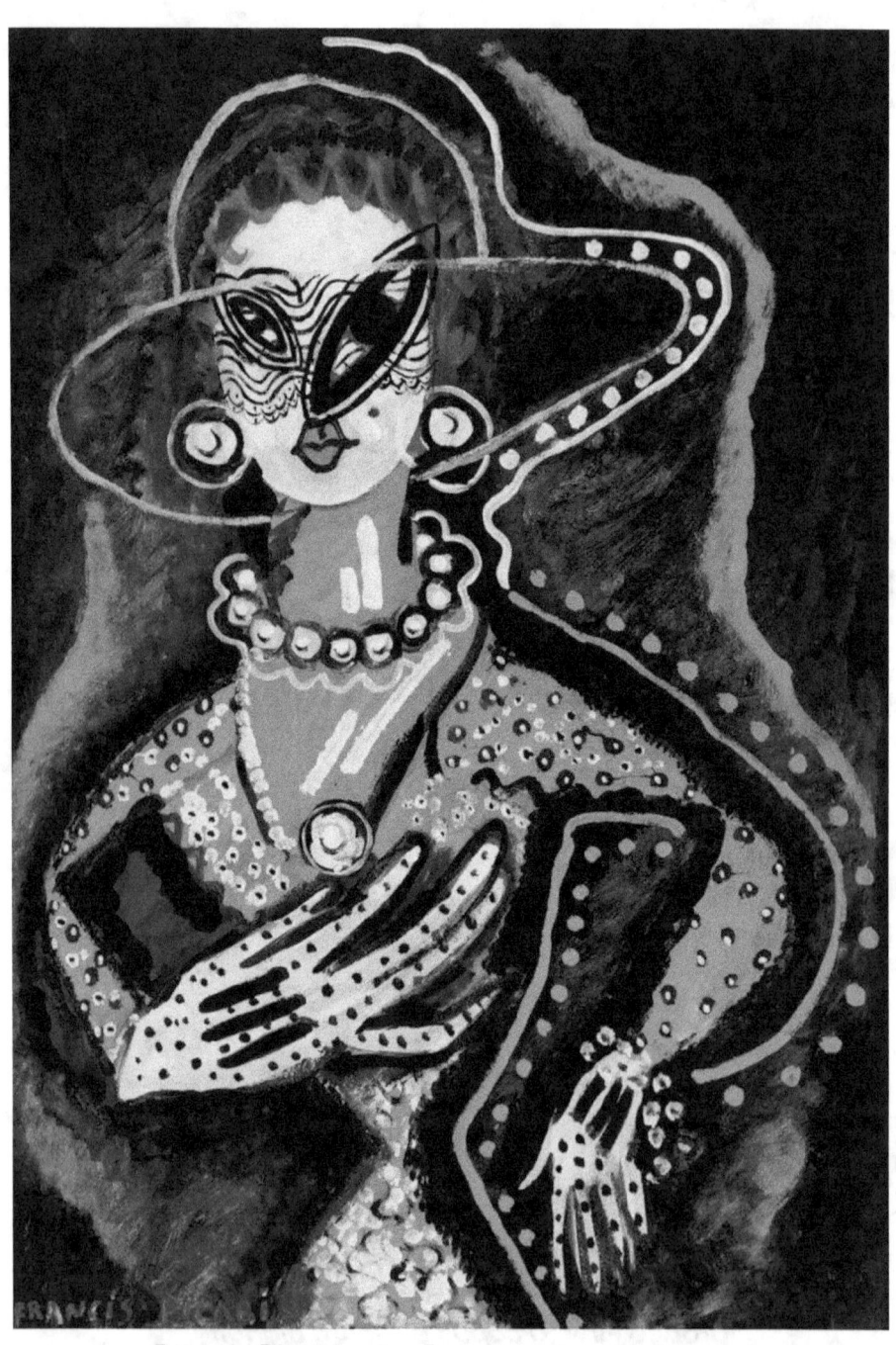

Francis Picabia, *La Femme au monocle*, 1924

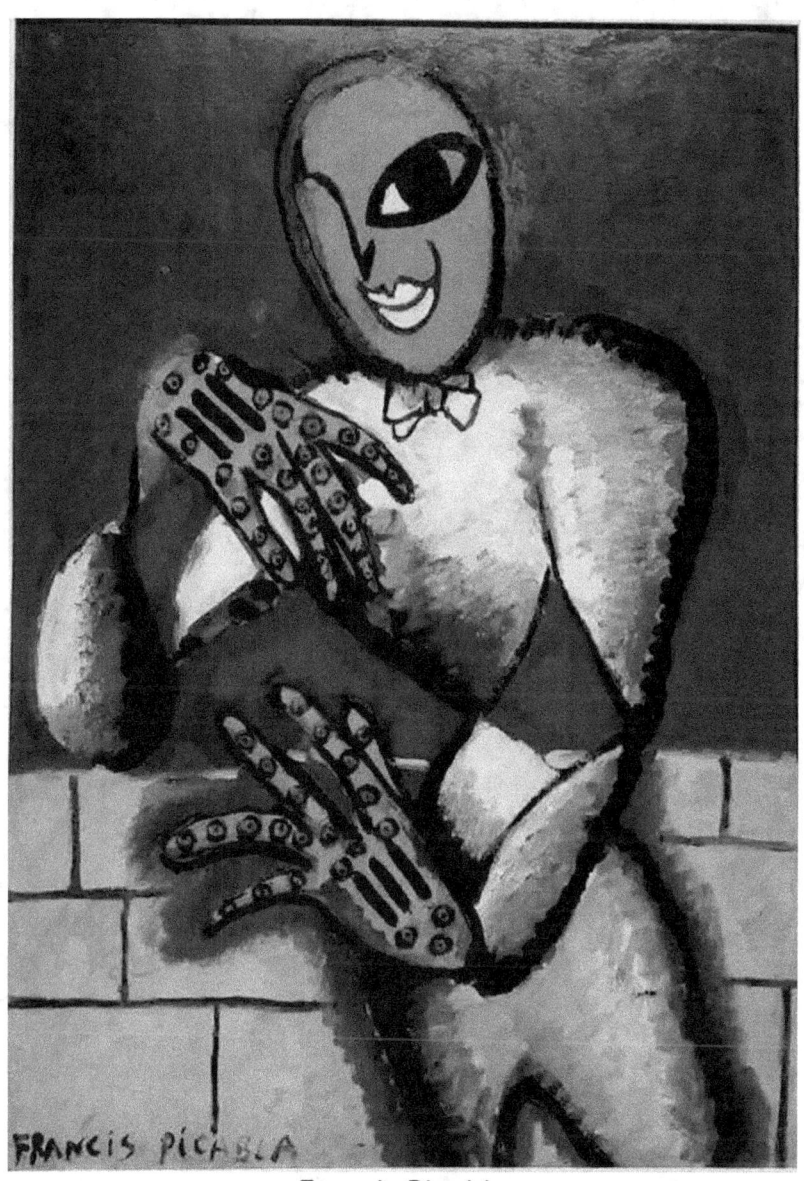

Francis Picabia,
La Femme au monocle, c.1925-1926

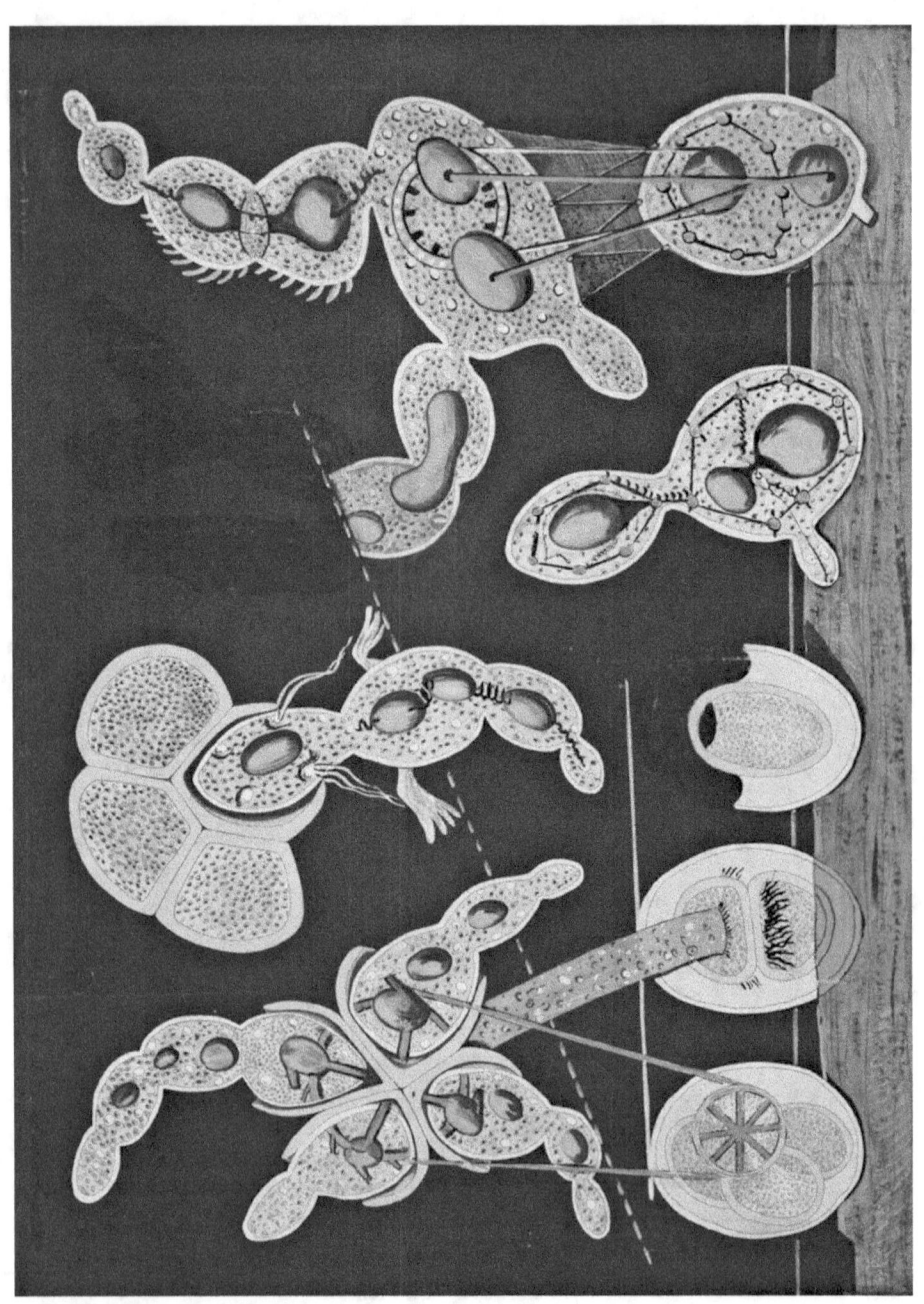

Max Ernst, *La Bicyclette graminée garnie de grelots les grisous grivelés et les échinodermes courbants l'échine pour quêter des caresses*

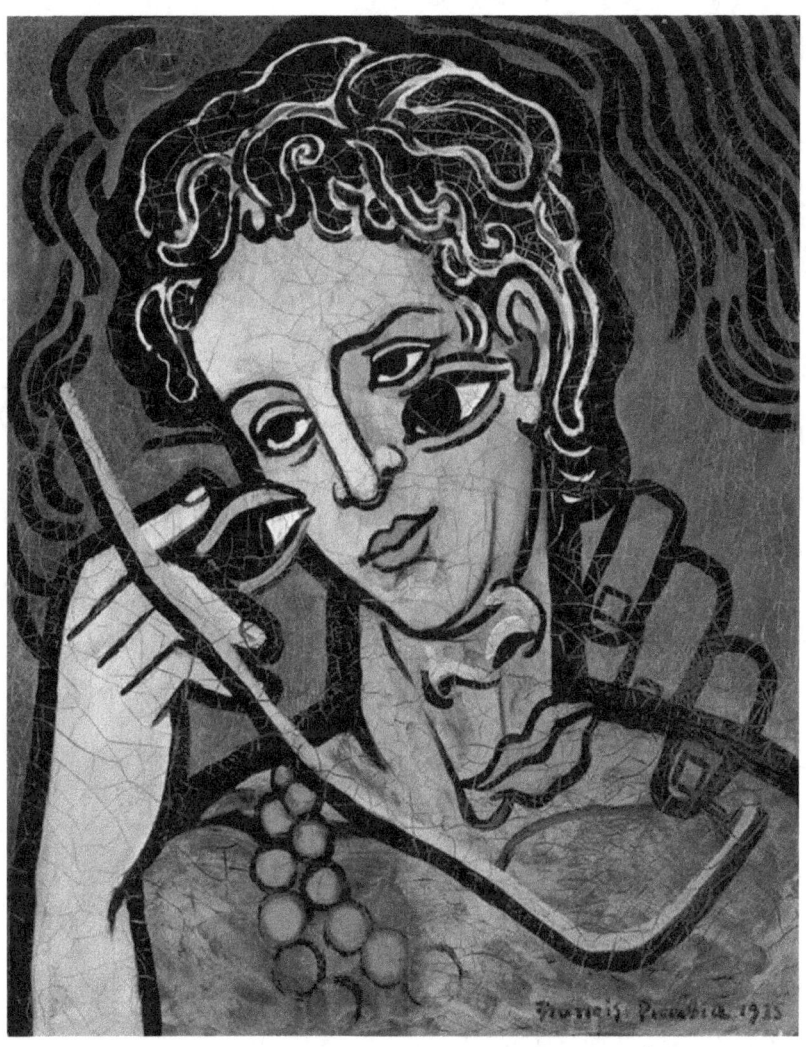

Francis Picabia, *Transparence (Deux Têtes)*

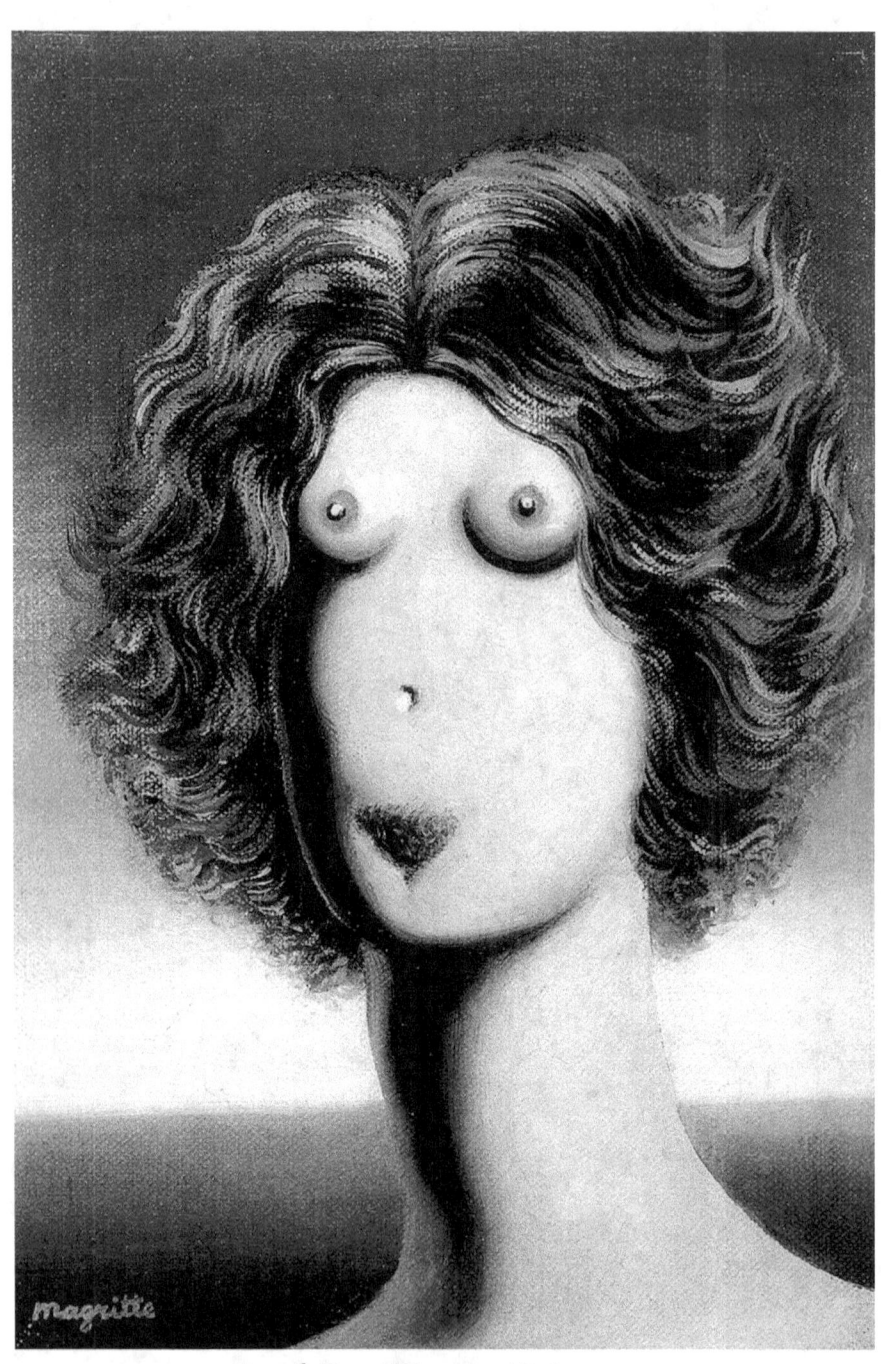

René Magritte, *Le Viol*, 1935

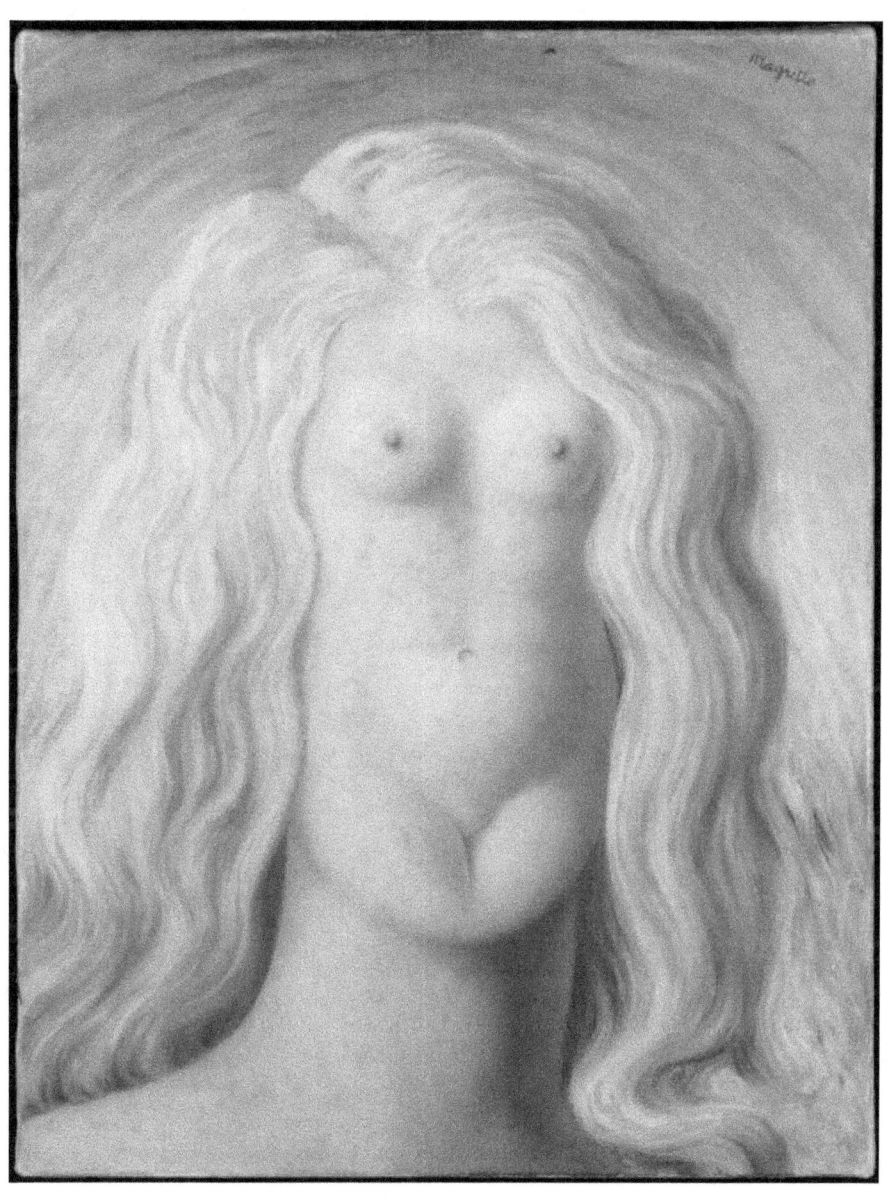
René Magritte, *Le Viol*, 1945

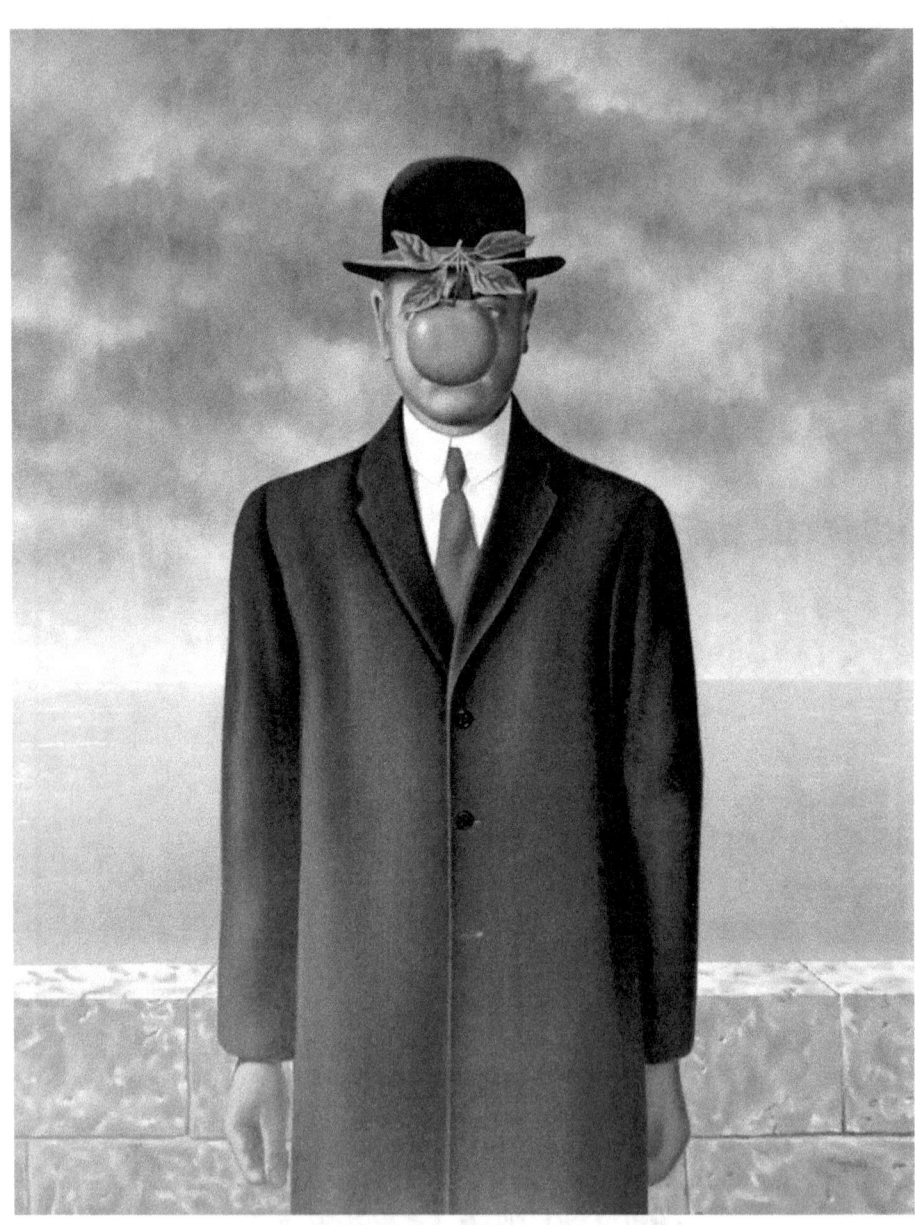

René Magritte, *Le Fils de l'homme*

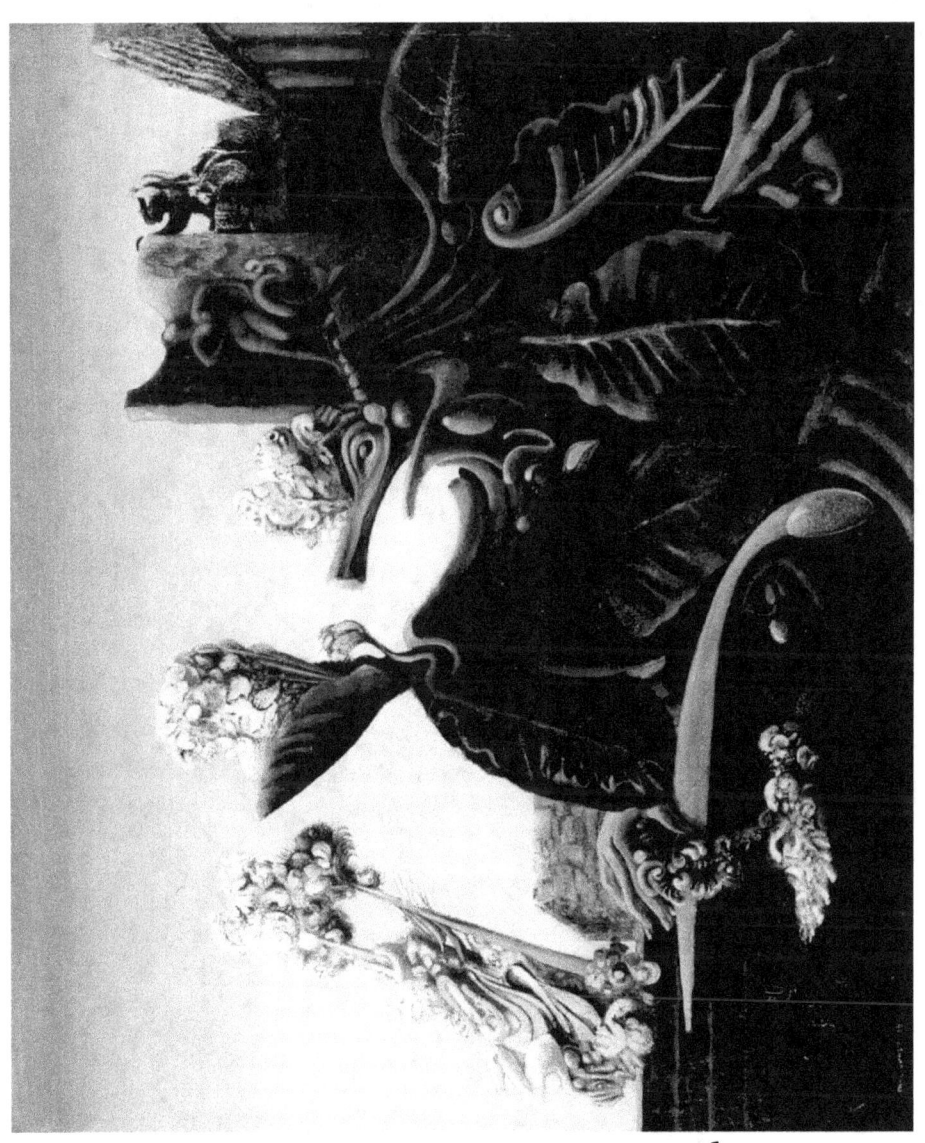

Max Ernst, *La rencontre, La Nymphe Écho*

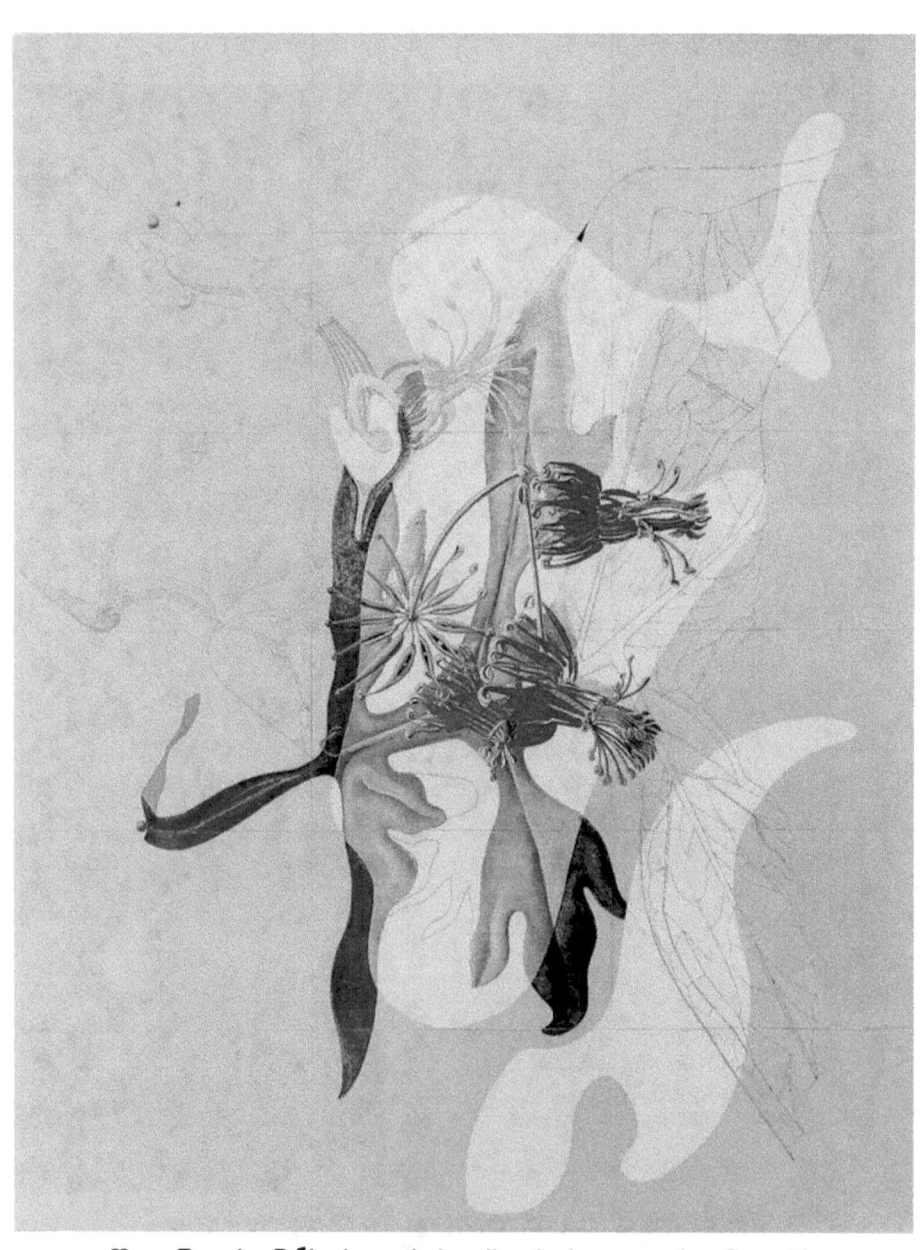

Max Ernst, *Pétales et jardin de la nymphe Ancolie*

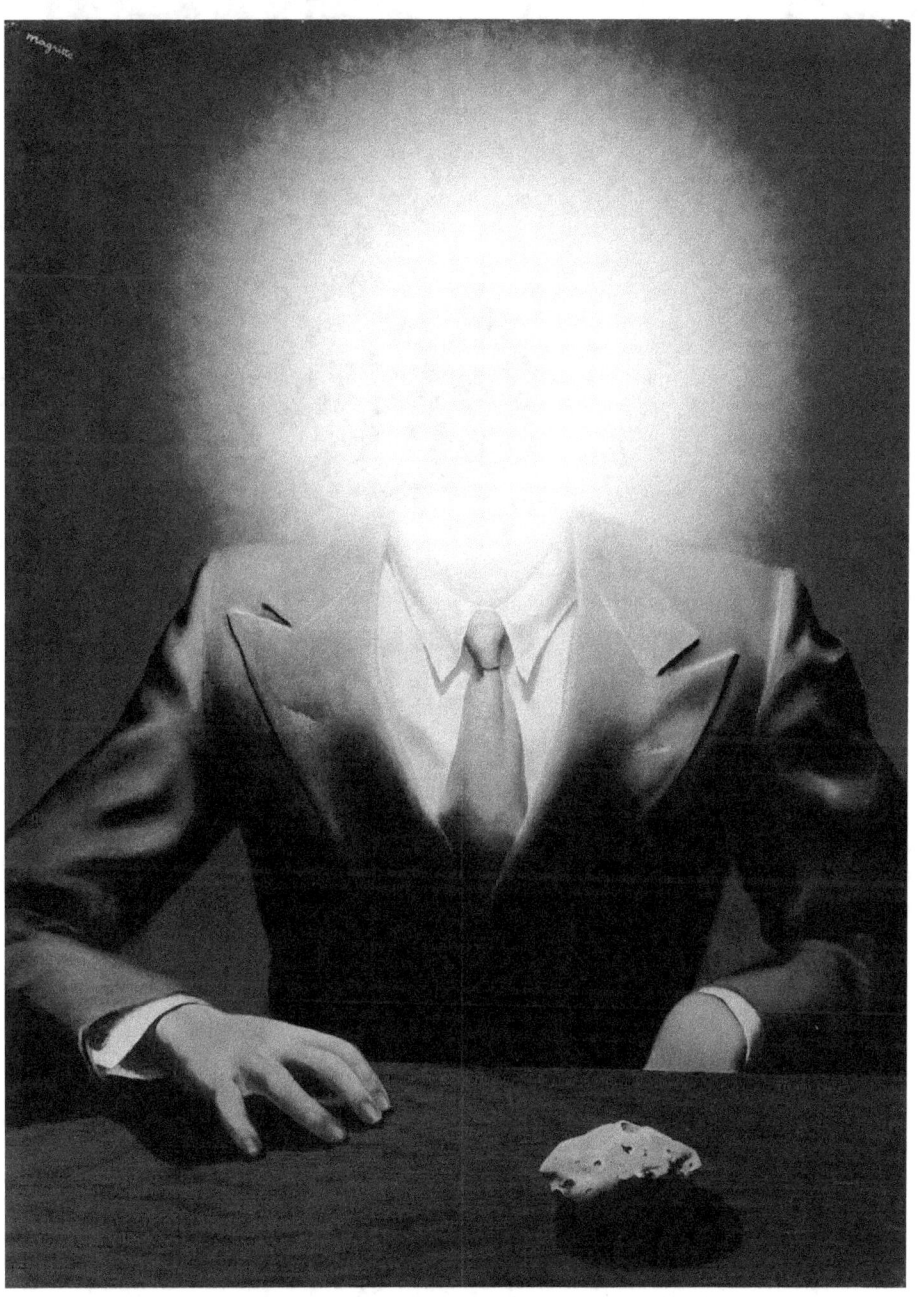

René Magritte, *Le principe de plaisir*

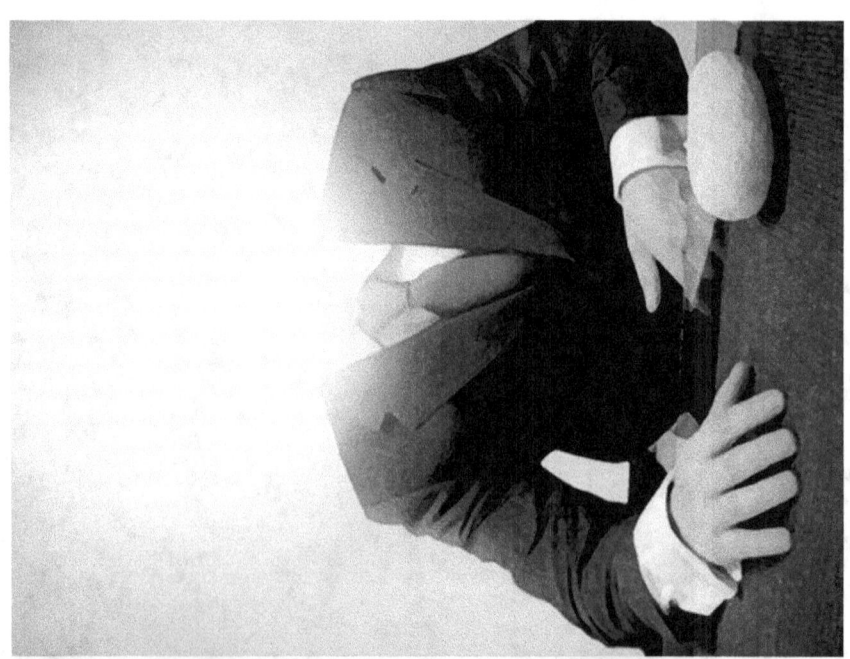
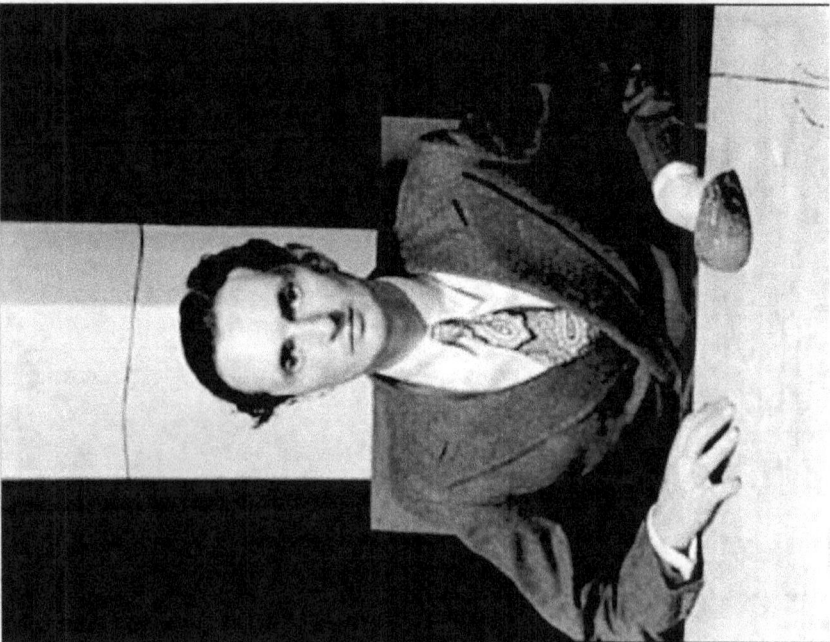

Man ray, *Edward James, Portrait of a man sitting with a hand on the table*, Photographie de l'album *The Pleasures of Electricity* de John Foxx

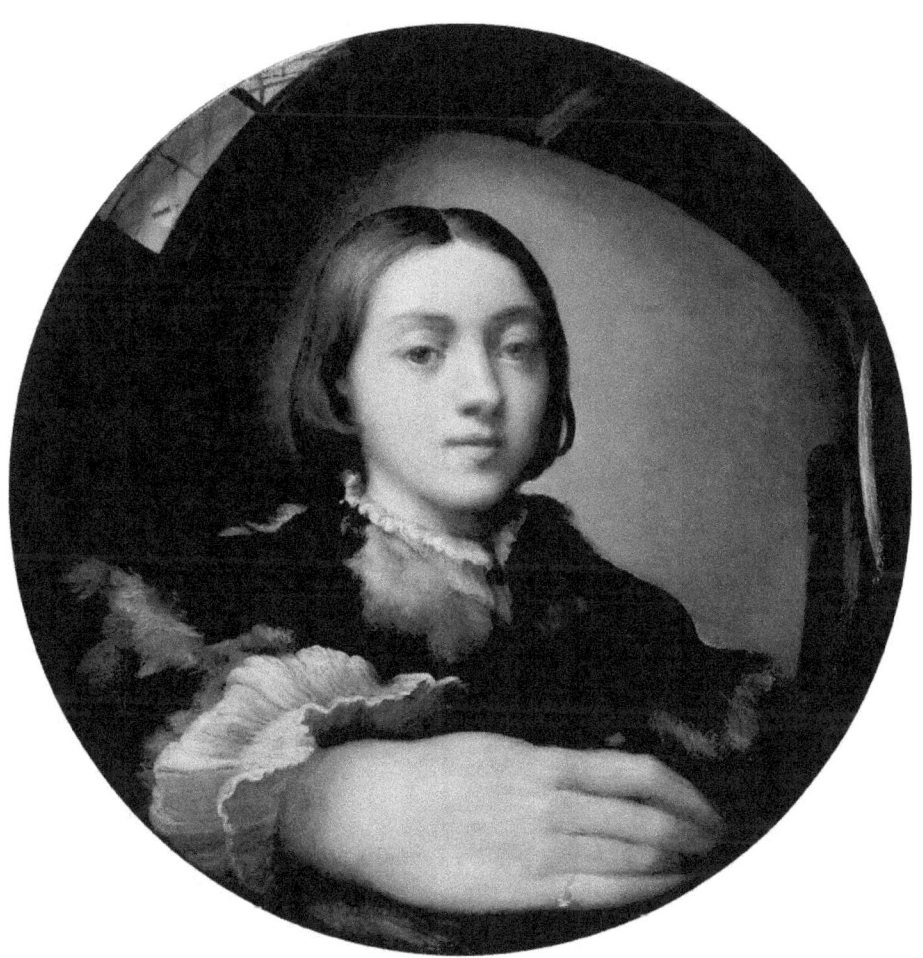

Parmigianino, *Autoportrait dans un Miroir Convexe*

www.ingramcontent.com/pod-product-compliance
Lightning Source LLC
Chambersburg PA
CBHW070436220526
45466CB00004B/1702